U0937377

创新创业基础与实践

主　编　黄明睿　朱梦梅　马小龙
副主编　王小花　冯希炜　李敏毅　彭小军
　　　　庄财永　胡子维　王　凯

科学出版社
北　京

内 容 简 介

本书以中国“互联网+”大学生创新创业大赛为切入点，以理论联系实际，介绍大学生创新创业的基本知识及创新创业的实践操作，以提升大学生创业者的综合素质。

本书包括基础与实践两个模块：基础模块主要介绍创新创业的基础理论，学生在学习过程中可以培养其创新思维，掌握创造技法；实践模块突出理论与实践相结合，以制作创业计划书为例，讲解具体实践操作。

本书既可作为本科院校大学生创新创业教育的公共基础课教材，也可作为相关培训机构的培训教材。

图书在版编目（CIP）数据

创新创业基础与实践/黄明睿，朱梦梅，马小龙主编. —北京：科学出版社，2021.6

ISBN 978-7-03-069153-8

Ⅰ. ①创… Ⅱ. ①黄… ②朱… ③马… Ⅲ. ①大学生-创业-教材 Ⅳ. ①G647.38

中国版本图书馆 CIP 数据核字（2021）第 110298 号

责任编辑：徐仕达 都 岚 / 责任校对：王 颖
责任印制：吕春珉 / 封面设计：东方人华平面设计部

科学出版社 出版
北京东黄城根北街 16 号
邮政编码：100717
http://www.sciencep.com

三河市骏杰印刷有限公司印刷
科学出版社发行 各地新华书店经销
*
2021 年 6 月第 一 版 开本：787×1092 1/16
2023 年 8 月第六次印刷 印张：11 3/4
字数：274 000

定价：38.00 元

（如有印装质量问题，我社负责调换〈骏杰〉）
销售部电话 010-62136230 编辑部电话 010-62135927-2014

前　言

自 2014 年 9 月李克强总理提出“大众创业、万众创新”以来，国内掀起了创业热潮，如滴滴出行、第四范式、寒武纪、Momenta、威马汽车、喜茶等初创企业如同雨后春笋般涌现并茁壮成长。中国已逐步进入“创时代”，创新创业已成为当今时代的主题。

这一时代的特点可以用 VUCA 来概括，即多变的（volatile）、不确定的（uncertain）、复杂的（complex）、模糊的（ambiguous）。市场整体环境变化多端，令创业活动变得更加多元化，这要求创业者除了掌握创业的基本能力外，还要具备面对各种危机和机遇的应变能力，也意味着创业者不仅要脚踏实地，还应懂得如何创新。

在这样一种背景下，国家开始逐步重视创新创业教育的发展。2015 年，《国务院办公厅关于深化高等学校创新创业教育改革的实施意见》指出，面向全体学生开发开设研究方法、学科前沿、创业基础、就业创业指导等方面的必修课和选修课，纳入学分管理，建设依次递进、有机衔接、科学合理的创新创业教育专门课程群。教育部部长陈宝生在 2018 年全国教育工作会议上提出：“实施高校创新创业教育‘燎原’计划，推动高校创新创业教育向纵深发展。”[①] 于是，越来越多的教师新生力量加入创新创业教学队伍，积极探索创新创业教学路径。在充满不确定性和不可预测性的环境下，大学生如何进行创业？创业者怎样做决策？如何从问题中挖掘用户需求？如何生产出满足用户需求的产品或提供令用户满意的服务？如何在激烈的竞争中构建有效的商业模式并实现可持续发展？这些问题关联着创业的全过程，都十分值得和大学生一起探讨，为大学生创业指明方向。

还有一个关键问题一直困扰着很多人，为什么大家总习惯于把创新和创业两个概念关联起来呢？首先，创新的英文是“innovation”，原词蕴含着更新和变化的意思。因此，创新的含义体现了它并不来源于一时的灵感或凭空而来的意念，而更倾向于将旧的产品或服务更新并赋予新的价值。创业，最简单的解释就是创办一家新企业，其目的是以产品或服务来满足客户的需求，同时也让自己的需求得到满足，即获得金钱、名誉或成就感等。可见，创业者必须有所“企图”，要对成功抱有坚定的信念，才能支撑其一步步将创意落到实地。然而，要想增加创业的成功率，所提出的创意必须与众不同，这样才能体现出产品或服务的“特别”，从而有机会在竞争激烈的市场中找到自己的一席之地，吸引消费者的注意力。因此，在创业过程中，创新必不可少，而创业者通过创新创造价值、获取收益的过程，实际上就是创业的过程。

---

① 中华人民共和国教育部，2018. 在全国教育工作会议上的讲话[EB/OL]. http://www.moe.gov.cn/jyb_xwfb/moe_176/201802/t20180206_326931.html.

因此，我们认为，创新应该融入创业的全过程，而创新创业教育不仅要传授创业的相关基本理论，而且要注重培养学生的创新能力。对于创新创业基础课来说，其教学目标应是：激发大学生的创新创业意识，培养善于合作、勇于承担、敢于冒险的精神，并形成面对不确定性环境的创业决策思维能力及创造性解决问题的能力。

为了达成这样一个教学目标，本书从基础和实践两个模块出发，引导学生一步步踏上创业之路。

基础模块分为 8 章，依次为创新创业、创业团队、创新思维、创造技法、问题探索、用户测试、商业模式和价值呈现。其中，第一章介绍理解并区分创新与创业的概念，认识创业对人生发展的导向作用，知道自己为什么要学习创新创业；第二章介绍创业团队，越早找到并熟悉自己的创业伙伴，就越有益于创业项目的发展；第三、第四章主要介绍“创新”，让大学生逐步形成创新思维，并熟练运用各种创造技法；第五～八章主要介绍“创业”，带领大学生从一个问题出发逐步形成创业项目，通过多次迭代完善产品和服务，最终形成独特的商业模式，并打造一份完整的商业计划书。

实践模块以“互联网+”大学生创新创业大赛的评审规则为依据，结合基础模块中讲述的创业过程，指引大学生按照既定的框架打造一份商业计划书。自 2015 年举办首届中国“互联网+”大学生创新创业大赛以来，这项赛事逐步受到社会的广泛关注，李克强总理也曾对该赛事做出重要批示，强调要把创新创业教育融入人才培养体系。本书根据大赛的具体要求和优秀获奖作品，梳理了一份具有普适性的商业计划书大纲，并将其各个部分的内容与基础模块中的知识点及“课后任务”关联起来，让大学生一边学习理论知识，一边形成创业实践项目。

在设计本书大纲时，创作团队以效果逻辑为理论基础构建教学内容框架，并将该理论与创新创业进阶式教育体系融合，这是国内创新创业类教材的一次大胆尝试与创新。同时，书中还引入了设计思维和精益创业的相关理论，倡导大学生走出课堂、走近用户，不断验证项目的可行性，同时不断迭代项目。

本书由黄明睿、朱梦梅、马小龙担任主编，由王小花、冯希炜、李敏毅、彭小军、庄财永、胡子维、王凯担任副主编，张凤娜参与审稿校对，刘宸宏、朱时造、刘振鹏、魏菊玲、林晓婷、梁金慧、张千尧、罗家镔等参与资料收集。我们还为本书配套开设了创业之路——带你玩转商业模式（首批国家级一流本科课程）、创业之路——带你玩转设计思维（广东省精品在线开放课程）系列慕课，现已在中国大学 MOOC 平台上线，特此感谢爱课程网的大力支持。

本书在编写过程中，参考和借鉴了大量国内外文献资料，为本书提供了理论参考，在此谨向相关著作者表示衷心的感谢。

本书作为广州市哲学社会科学发展“十三五”规划 2019 年度课题“创新驱动发展战略背景下广州初创企业成长路径研究——基于设计思维”（2019GZYB54）等项目的研究成果，得到了相关部门及领导的大力支持。

此外，Smart 创新工作室对本书的框架构建、内容优化等方面提供了很多建议，并为最终成稿提供助力，在此感谢工作室同人的努力付出。当然，还要感谢每一位创作团队成员的家人对我们工作的支持与信任。

由于编者水平有限，书中疏漏之处在所难免，恳请广大读者提出宝贵意见与建议，欢迎联系：SmartStudio@aliyun.com。

编　者

目　　录

基础模块

实践模块

基础模块

第一章

创新创业——我的未来不是梦

学习目标

1. 了解创新与创业的含义。
2. 掌握创新精神的概念。
3. 理解企业家精神的重要性。
4. 理解创新与创业之间的关系。
5. 理解创业的人生导向作用。

导入案例

喜马拉雅 FM：一鸣惊人

喜马拉雅 FM 的 CEO 余建军有一个最常被提及的标签——“创业达人”。2001 年，余建军从西安交通大学毕业后，一直尝试创业，但没有成功。2013 年 3 月，他与合伙人陈小雨创立了音频分享平台喜马拉雅 FM，率先上线手机客户端，并逐渐成为国内发展最快、规模最大的在线移动音频分享平台。

选择音频行业的原因是什么？余建军和陈小雨认为有两个关键点：一是觉得音频这种内容分享形式一直被低估，虽然文字分享很直接，视频分享很生动，但它们不够方便，用户在走路、做家务时没办法看东西，但用户可以用耳朵来听；二是当时智能手机呈现爆发式增长，人手一部智能手机的时代即将到来。

喜马拉雅 FM 提出了专业用户生产内容战略（professional user generated content，PUGC），吸引了如罗振宇、郭德纲、王自健、郎咸平等投身音频微创业，并在实践过程中开发了一条主播生态链，让诸多草根主播通过平台孵化成为声音大咖。独特的 PUGC 战略让喜马拉雅 FM 如今已拥有 6000 多名自媒体大咖和 400 万主播，他们共同创造了覆盖音乐、新闻、小说、汽车等 328 类 2000 多万条有声内容。艾媒咨询的数据显示，2019 年第一季度喜马拉雅 FM 的活跃人数达 8955.2 万人，位居市场第一，其数量甚至超过排名第二、第三位竞争对手的总和。

（资料来源：彭海斌，2016．喜马拉雅 FM 联席 CEO 余建军：只有第一名最安全[EB/OL]．https://www.yicai.com/news/5021348.html.节选，有改动。）

◆思考◆

1. 你认为余建军的成功是可复制的吗？

2. 在你眼中怎样才算是创新？

第一节　创新与创新精神

一、创新的定义

创新是以新思维、新发明和新描述为特征的一种概念化过程。innovate（创新）这个词第一次出现在 16 世纪中期，其原意有三层含义：更新、创造和改变。换言之，创新就是找到新的方法来改变事物，即“创造新价值”。

著名经济学家、创新理论之父约瑟夫·阿洛伊斯·熊彼特（Joseph Alois Schumpeter）在 1911 年所著的《经济发展理论》中写道：企业家进行的“创新”就是建立一种新的生产函数，即把一种从来没有过的关于生产要素和生产条件的“新组合”引入生产体系。所谓的“经济发展”，就是整个社会不断地实现这种新组合。[①] 由此可知，一项新发明和新技术的产生并不是真正意义上的创新，只有将它与产业和生产要素进行有机结合并投入市场中，才能推动经济发展，才是真正有价值的创新。

二、创新的本质

创新的本质就是突破，是指人能够突破常规思维定式，以超常规甚至反常规的方法或视角去重新思考和审视问题，提出与众不同的解决方案，从而产生新颖、独特、有社会意义的思维成果。

创新就是要创造新事物去适应改变。这里的“新事物”所指的范围非常广泛，涵盖物质文明和精神文明的新成果。

三、创新的原则

创新的原则是整个创新过程的基础，也是创新构思时的标准和依据。它主要包括以下六个原则：遵循科学原则、市场评价原则、相对较优原则、机理简单原则、勿轻易否定原则和独特构思原则。

1. 遵循科学原则

创新必须遵循相关的科学技术原理，不能违背科学发展规律。就目前的科学技术发

---

① 约瑟夫·阿洛伊斯·熊彼特，2009. 经济发展理论：对利润、资本、信贷、利息和经济周期的探究[M]. 叶华，译. 北京：中国社会科学出版社.

展情况来看，并不是所有天马行空的想法都是可行的。因此，我们在进行创新构想时，需要就自身的资源和技术进行可行性、合理性分析，并设想其是否有可推广和应用的价值。

2. 市场评价原则

为什么有些产品刚出现在人们的视野，就很快被淘汰呢？爱迪生曾说，“不打算发明任何卖不出去的东西”。市场是严酷的，当创新不受市场认可时，就需要重新评估创新方案的可行性，从受众的角度出发，看看它是否真的能让人们的生活变得更加美好。

3. 相对较优原则

创新的过程，也是不断做选择和制定决策的过程。在这个过程中，需要在以下三个方面赢得优势：一是技术先进，即对比自己的技术是否比竞争对手更好；二是经济合理，需要考虑自己的产品能够带来多大的回报；三是整体效果，要看看产品的使用价值和创新水平是否呈现了较好的整体效果。

4. 机理简单原则

机理简单原则，又称为一针见血原则，是指在处理问题时，用最直接有效的方式切入问题的核心，以节省不必要的时间和金钱。创业路上充满不确定性，创业者要想办法让团队的付出获得最大化的效益。因此，在运用创新手段时，应检查自身技术是否重叠、产品功能是否复杂等，以让创新机理尽可能地简单和有效。

5. 勿轻易否定原则

在飞机发明之前，科学界曾从理论层面做出否定论证，但如今人们早已实现了翱翔蓝天的梦想。马云在集资创建阿里巴巴的时候，大多数人凭借自己的主观判断否定了他的想法，不愿意投资，但他却选择了坚持，终于打造出中国目前最发达的网购平台，以及最庞大的物联网产业。由此可见，从惯性思维出发，很容易受主观臆断的束缚，进而做出不恰当的否定，这些否定往往扼杀了许多富含创新价值的尝试。

6. 独特构思原则

独特构思作为创新思想的基石，在创新中扮演了至关重要的角色。例如，打车软件 Uber 的创始人之一特拉维斯·卡兰尼克（Travis Kalanick）正是由于在周末的旧金山街头打不到的士，才萌生出“在线打车”的想法，并决心要打造出一个便民的网约车平台。最终，Uber 不仅在美国市场走红，甚至在国际市场上得到了广泛普及。可见，有趣的构想其实源于生活，只需要一点敏锐的洞察力，就有机会从日常的痛点中灵光乍现。

四、创新精神

创新精神，特指人的创新意识和创新性格，包括创新愿望和创新动机。创新精神不仅需要我们具备独立思考的精神，不人云亦云、不迷信权威、不狂妄自大，还要求我们不惧怕犯错误，具有灵活解决问题的能力。

中国科学院院士郑晓静曾说：“创新不是少数人的专利，也不是高不可攀；它不分成就高低，可以是体制机制的突破，也可以是工艺改进的创意，重在创新意识和创新精神的养成。”[①] 可见，创新精神对我们每个人来说都是一笔极其重要的财富。

第二节　创业与企业家精神

一、创业的概念

创业学之父杰弗里・A. 蒂蒙斯（Jeffry A.Timmons）认为：创业是一种思考、推理和行为方式，这种行为方式是机会驱动的，注重方法和与领导相平衡，创业导致价值产生、增加、实现和更新，不只是为所有者，也为所有的参与者和利益相关者。

创业有狭义和广义之分。从狭义来说，创业是指创业者的生产经营活动，主要是指开创个体和家庭的小业。从广义来说，创业是指各项实践活动，既包括指向成就国家的大业，也包括为集体、不同群体和个人创造价值的活动。

百度CEO李彦宏曾说：“创业需要你去做一件你喜欢并擅长，而且能够坚忍不拔长期去做的事情。”[②] 在“大众创业、万众创新”的潮流下，青年是“双创”的主力军和最活跃的力量，而大学生又是主力军中的绝对主力。因此，在加入“双创”大潮时，大学生要扮演好适合自己的角色。大学生创业普遍成功率低、风险大，容易给家庭和社会造成负担，因此大学的创新创业教育就显得尤为重要了。大学生应该利用在校学习的机会，着重培养创新意识、创新思维和创新能力，而不是盲目地去创业。我们希望通过创新创业教育，培养出具有开创性的人才。对于大学生而言，前面谈到的广义创业概念更符合创业类课程的教学目标设定。

因此，本书我们主要采用《精益创业》的作者埃里克・莱斯（Eric Ries）对创业概念的解读：创业是一个由人组成的机构，在极端不确定的情况下，开发新产品或新服务的过程。

二、企业家

企业经营者有两种称谓：商人和企业家。他们之间虽然有很多相似之处，但本质上有较大区别。商人，是以利益为驱动，即以赚钱为目的的创造价值。然而，企业家，现代管理学之父彼得・德鲁克（Peter Drucker）认为，他们“创造的价值是真实的，利润

---

① 郑晓静，2015. 郑晓静：以创新精神和创业贡献谱写壮丽青春[EB/OL]. http://www.cas.cn/zjs/201507/t20150716_4394123.shtml. 节选。

② 演乐，2008. 李彦宏：创业仅有好主意不够 还需坚忍不拔长期去做[EB/OL]. http://tech.hexun.com/2008-04-10/105131352.html. 节选。

不过是结果”。从这里我们可以看出两种角色的不同之处，因为理念不同，他们的创业行事风格也大相径庭。

那么怎样才算是一名企业家呢？熊彼特曾指出，可以“把新组合的实现称为‘企业’，把实现新组合的人称为‘企业家’。”“企业家”（entrepreneur）一词源于法语，它具有冒险家的含义，中文将“entrepreneur”翻译成“企业家”，给它赋予了哲理化的内涵：企业家就是踮起脚，怀着憧憬，希望看得更远，完成时代和社会使命的人。

三、企业家精神

企业家精神最早是由弗兰克•奈特（Frank Knight）正式提出来的，原意为企业家的才能与才华。但随着时代的发展、社会的进步，企业家精神演变为：企业家特殊才能（包括精神和技巧）的集合，它是一种重要而特殊的无形生产要素。具体来说，这种特殊才能表现为绝不被动地等待机会，而是根据变化有目的、有组织地寻找并系统地分析机会，进而实现系统地创新的能力。

熊彼特认为，企业家所从事的工作就是有创造性地破坏。大连万达集团董事长王健林曾说：“万达能发展到今天，我觉得最核心的原因就是我们敢于创新，可以这么讲，万达的一部 22 年发展史，其实就是一部创始史。就是敢人先，敢想别人不敢想的事，敢做别人不敢做的事。”[①] 不可否认，万达一开始就是靠着这种敢为人先、大胆创新的精神一步一步做大做强的。用王健林的话来说，万达的成功在于搞旧改、跨区域、创模式、搞文化这关键的四步棋，而且他从不惧怕失败，认为做生意跟搞科研有相似之处，都是失败比成功要多。从万达创业的过程中，我们看到了王健林身上的企业家精神。

企业家精神可以看作是将一系列特质融合在一起的完美品。企业家精神有三个关键词（图 1.1）：创新、冒险和诚信。创新是企业家精神的灵魂，冒险是企业家精神的天性，诚信是企业家精神的基石。同时，具有社会责任也是企业家精神的一大特点，企业家在工作中有所创新，更要不忘初心、有所坚守。在自身发展的同时，不忘尽一己之力向社会给予回馈。“达则兼济天下”，企业家不仅是财富的创造者，更应怀有对国家、对民族、对社会的责任与担当，积极投身公益慈善事业。

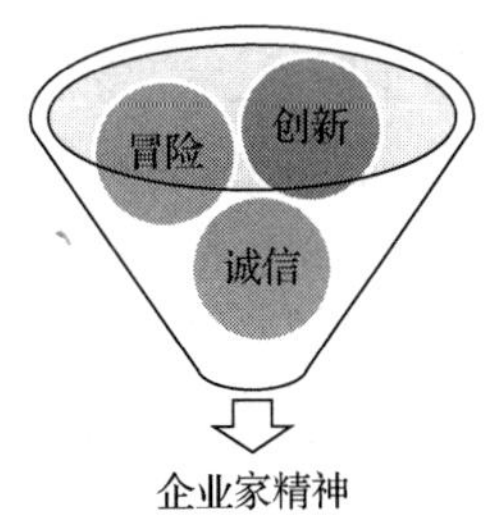

图 1.1　企业家精神的三个关键词

① 佚名，2010．王健林：万达创业故事和企业家精神[EB/OL]. https://finance.qq.com/a/20101027/005823.htm. 节选。

四、创新与创业的关系

“创新创业”的提法最早由李克强总理在2014年9月召开的夏季达沃斯论坛上提出，他指出，要在国内掀起“大众创业”“草根创业”的新浪潮，形成“万众创新”“人人创新”的新势态。“双创”的概念一年比一年火，“创新”和“创业”在本质上是一样的：都具有开创新颖且能产生积极作用的做法或结果。“创新”与“创业”具有同等的重要性，其具体内涵各不相同，但却有一定的关联性。

1．创新是创业的基础

科学技术、思想观念的创新能引发新的生产和生活方式。创业者在创业过程中需要具备创新意识和创新精神，不断寻求解决问题和产品更新迭代的新方法和新思路，让创业之路走得更加顺畅。

2．创新的价值在于创业

创新的价值=扩散+未来客户终生价值。简单来说，创新的价值在于通过不断地扩散，带来更多的客户，从而在未来为企业创造更多、更丰厚的价值。创新旨在把潜在的知识、技术和商机转化为产品或服务，通过实现商品化和产业化创造财富、提升企业价值，进而增长社会经济实力，造福于人类社会。

3．创业蕴含着价值创新

创业之所以能取得成功，其背后肯定蕴含着价值创新。创业就是一个创新和发展相互促进的过程，创业者通过把能让客户满意的创新产品或服务推向市场来使财富不断增值。

4．创业能深化创新

创业可以反向推动新发明、新产品或新服务不断地涌现出来，创造出新的市场需求，让创新更具有外在动力，实现创新的经济价值和社会价值。

通过对上面创新与创业的内在联系的阐述，我们进一步发现创新与创业是密不可分的，在日常生活中，当我们有创新设想时，就应该想方设法让它变成现实，从而创造社会价值和人生价值；同样，创业能激发我们更多的热情，让我们对生活更加充满向往，在遇到困难时，也更拥有破釜沉舟的勇气和决心。

第三节　创业导向的人生发展

一、人生发展的五个层次

美国苹果公司联合创始人史蒂夫·乔布斯（Steve Jobs）在创业期间不断地颠覆自我，他始终坚持“以终为始”的思考方式，以真实需求而非商业利益为出发点进行创造，最

终推出颠覆市场的产品，甚至颠覆了苹果公司自有的市场。例如，苹果公司不仅自己生产鼠标，还独家推出多点触控的操控方式，从而颠覆了鼠标这一交互工具；接着又推出了语音助理 Siri，再一次颠覆了触控技术。乔布斯的创新不是为了延续某一代产品的生命，而是想方设法地研究怎样去淘汰这一代产品。乔布斯坚信，赢得未来的唯一方式就是自己创造未来。

我们每个人都朝着自己憧憬的未来不断努力奋斗，渴望创造自己梦想的人生，但这一过程是循序渐进的。简单来说，人生发展可以分为五个层次（图 1.2）：任务、工作、职业、事业和人生。

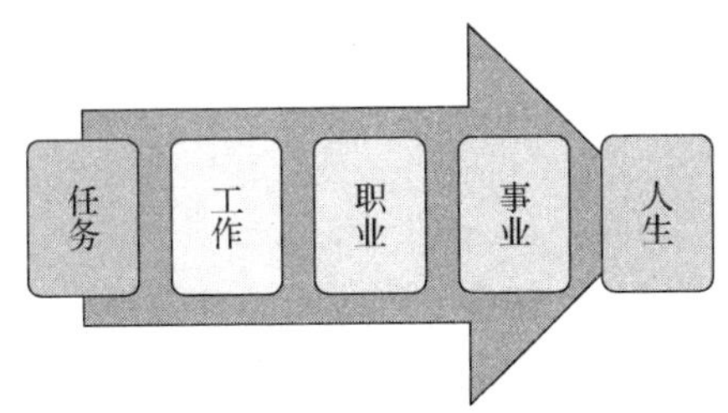

图 1.2　人生发展的五个层次

1．任务

“任务”（task）处在人生发展中的第一层次，是指被动地完成被指派的工作。任务都是碎片化的，可以锻炼人的工作能力，是人生不可或缺的、具有阶段性的基础层次。这一层次大多存在于处在校园内还没步入社会前。每一种任务的处理方式各不相同，也会带来不一样的效果。

2．工作

“工作”（job）是一种程序化的任务。通过工作，人们可以获得应得的报酬，用来维持生计，满足生活的基本需求。这是我们初入社会的过渡阶段，在工作过程中我们可以不断地积累社会经验，感受走出校园后的氛围。

3．职业

“职业”（profession）是参与社会分工的结果，是指利用专门的知识和技能，为社会创造物质财富和精神财富，同时表现出对工作发自内心的热爱和尊重的态度。从工作过渡到职业，意味着我们已经在职场上经历了一定的打磨，并在专业知识的储备上已经达到了一定的程度。

4．事业

“事业”（career）是指人们所从事的，具有一定目标、规模和系统的，且对社会发展有影响的经常性活动。事业是职业追求的意义，是对职业的升华。当我们到达事业这一层次，心态就会变得更加稳定，会有思考全局的态度，对待工作也会全身心地投入，并不断地追求卓越。

5．人生

“人生”（life）需要从事业的更高维度去思考，它是一个将事业的宽度和深度进一步扩展的过程。其中，宽度就是对生活方式的追求，深度就是对事业的归属感。人的一生其实就是一次极其伟大的“创业”历程，我们每个人作为“创业者”，需要不断地颠覆自我，突破阶层固化。

对于这五个层次，我们需要一步一个脚印不断进阶完成，不能妄想从“任务”层次直接抵达巅峰“人生”。

二、人生发展的转型途径

对于广大学生而言，如何从“任务”阶段不断高效地进阶呢？某电视节目主持人曾经历了四次转型：在成为节目主持人前，她是一名有些缺乏自信的某大学的大学生，在某电视台招聘主持人时，她以自然清新的风格、镇定大方的台风及过人的才气逐渐脱颖而出。然而，因为她的长相不是特别出众，经历了多次试镜还只是处于被考虑的范围。她知道后，就反问导演：“虽然我不是很漂亮，但我很有气质……我希望做一个聪明的主持人。”她的这些话打动了导演，后来正式成为某综艺节目的主持人。然而，当人们惊叹她在主持方面的成就时，她却选择急流勇退，辞掉工作去国外留学深造。之后回国，她开始寻找适合自己的发展机会。当时，某电视台刚刚成立，她便加入其中。那几年她不仅积累了专业经验，也为自己未来的发展充实了资本。之后，她辞去某电视台的工作，开始创业，创办了自己的公司。

从这名主持人的四次成功转型，我们可以看到：坚定的立场、必要的工具和一定的经验积累是转型成功必备的三个要素，即立场、工具和经验，如图 1.3 所示。

立场会引导我们去获取必要的工具，而工具的获得会引导我们去积累必需的经验。这些影响往往不是单向的，当经验积累到一定程度后，就会促使我们去形成新的、属于自己的工具，因此这也促使我们在思考自己的立场时更具有广度和深度。对于大学生而言，可以通过一个更简易的模型来实现自我转型，即“实验+学习”，如图 1.4 所示。

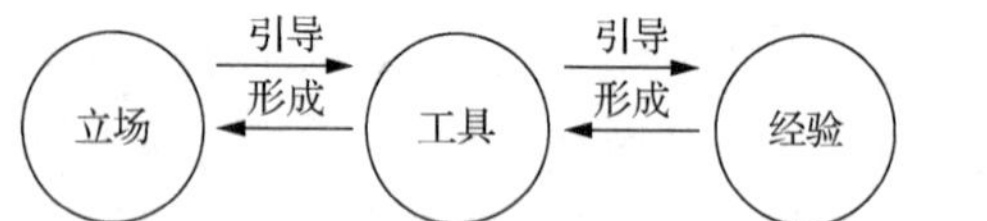

图 1.3　人生发展的转型途径

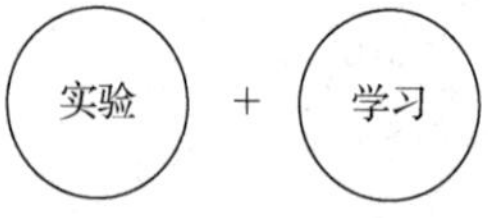

图 1.4　自我转型模型

具体来看，这个模型包括以下三个要点。

- 精心实验：通过加入社团、组织，积极考证，兼职体验等。
- 社交转型：打造新的、属于自己的社交网络圈。
- 赋予意义：为他人和社会创造价值进而实现自我价值。

三、创业导向的人生态度

乔布斯曾说：你的时间很有限，所以不要浪费在别人的生活上，也不要被教条所束缚，那只是活在别人的思考之中，更不要被他人喧嚣的观点湮没你内心的声音，最重要的是，你要有勇气去听从你的直觉和心灵的呼唤。在某种程度上，它们知道你真正要成为什么样的人，其他的一切都不重要。最重要的是，要有勇气追寻你的内心和直觉。

创业仅仅是人生的一次旅程，而人生是一次规模最宏伟的创业历程。因此，在任何情况下都要具备创业精神和积极的人生态度去应对生活。创业导向的人生态度包括职业精神、创业精神和生活方式。

1. 职业精神

职业精神是与人们的职业活动密切联系的、具有职业特征的精神与操守，需要我们拥有专业能力、执行能力和责任感。职业精神是职场人士的生存资本，是企业发展的内在核心。企业要想变得强大，个人要想变得优秀，都离不开职业精神。职业精神指的是主人翁精神、敬业精神、团队精神、创新精神等，它是一种热情的态度、一种坚定的信念、一种不懈的追求、一种向前的动力，更是使人从平庸到优秀的工作准则。

2. 创业精神

创业精神是一种主动精神和创造精神，它能让我们积极、主动、高效地做好自己的本职工作，即使是在平凡的岗位，也能创造出不平凡的价值。创业精神可以从关注社会热点、焦点问题和发现创新中得到启发，更需要我们有领先行动和勇担风险的精神。创业精神促使我们将本职工作作为未来事业发展的起点，做一个积极进取的开拓者。

3. 生活方式

生活方式需要我们对生活中的点点滴滴充满好奇心，运用所学的创新精神，充满信心地去探寻并解决问题。每个人都需要找到一个最适合自己的生活方式，这样才能在未来的自我发展中不断地开辟新天地，实现人生的价值。

你可能无法改变你的出身和基因，但却可以改变人生发展的方向。请记住，在面对充满不确定性的未来时，我们要学会把握自己的命运，用创新创业的思维和态度去开拓属于自己的那一片天地，去拥抱属于自己的美好未来。

活动

一起写“小说”

所需材料：签字笔、A4纸。

活动时间：30分钟。

教师在词库里随机抽取四个词语，每次抽取一个。要求每个同学看到词语后展开联想，并进行充分讨论。请根据以下步骤，一起完成一个精彩的故事。

具体步骤如下。

1）第一个随机词语：完成“小说”的情景设置（时间：2 分钟）。

2）第二个随机词语：完成“小说”的角色设置（时间：2 分钟）。

3）第三个随机词语：完成“小说”的故事情节（时间：2 分钟）。

4）第四个随机词语：完成“小说”的结局（时间：2 分钟）。

5）六人一组，相互交换自己的故事（时间：5 分钟），并从中选出最精彩的一个故事，由这个故事的创作者上台展示自己的“小说”（时间：每人 2 分钟）。

【附 30 个词语】

小夜曲、肋骨、座位、花瓶、京剧、水壶、乐高积木、秋千、将军、雪花、矿场、服务员、石狮子、广场舞、吉他、悲剧、网红、咖啡、刀光剑影、摇滚明星、扑克牌、红酒、厨师、战争、足球赛、喜出望外、奥运会、高考、春运、浪漫

课后案例

可口可乐新配方遭遇滑铁卢

20 世纪 80 年代中叶，可口可乐公司遇到了它成立以来的最大挑战，其对手——百事可乐的市场占有率节节攀升，直逼可口可乐的市场份额，可口可乐公司的 CEO 罗伯特·伍德鲁夫紧急召集管理层开会研究对策。经过讨论，大家发现百事可乐之所以能够迅速占领市场，其中一个关键原因是他们生产的口味偏甜的可乐很受年轻人的欢迎，相比之下，可口可乐的配方已经是一百多年前的老配方。时代在变，而可口可乐的配方却丝毫没有改变。可口可乐的管理层认为，未来是属于年轻人的，只有抓住年轻人，可口可乐才有可能在未来的竞争中立于不败之地。于是，伍德鲁夫果断决定，研制新的可口可乐配方，目标就是这种新口味必须要迎合年轻人。

研制出新口味的可口可乐后，管理层担心口味的改变会带来不良影响，便花了近 400 万美元，邀请了 20 万人参与蒙眼测试。最终，测试结果显示：新口味的可口可乐更受欢迎。于是，公司决定向市场大规模投放这种新口味的可口可乐，老口味的可口可乐正式退出历史舞台。可意想不到的事情发生了：可口可乐公司从全美各地收到了各式各样的谴责信和投诉电话，更有甚者将可口可乐公司告上了法庭，控诉其随意更换口味，枉顾消费者的意见。就这样，新口味的可口可乐刚投放市场不到 10 周，就在广大粉丝的口诛笔伐下夭折了。在此之后，可口可乐公司郑重地向全美粉丝宣布：撤销新口味，重新推出他们的百年老配方——经典可口可乐。

可口可乐公司虽然进行了大量的口味测试，但却忽视了一点，就是顾客对经典口味可口可乐的情感依赖。经典可口可乐扎根于美国几代人的心中，早已不是简简单单的一种饮料、一种味道，而是一种情感的寄托和精神的享受。通过把可口可乐的口感与人们

的情感、记忆、认知混杂在一起，从而形成一种极富个性的品牌符号。让人们一想起或尝到可口可乐的味道，就会瞬间关联到一种感觉、情绪或体验。这种感觉、情绪或体验因人而异，不可替代。

（资料来源：世纪英才城市商学院，2018. 用洞察力发现客户真正的需求[EB/OL]. http://m.sohu.com/a/279782180_99991598. 节选，有改动。）

思考

从创新原则的角度来说，你觉得可口可乐公司在当初所做出的错误决定，没有遵循哪一条原则？

课后任务

左右脑小队的思维碰撞

我们每个人的左右脑都有着不同的分工，左脑擅长逻辑、语言、文学等方面，右脑擅长形象、创意等方面。请同学们自由组合（人数在 10 人以上），充分利用左右脑思维来解决一个实际问题。

具体步骤如下。

1）明确一个小组需要讨论的主题，建议从一个实际问题着手。

2）每个小组内部随机分成两个小队，分别是左脑小队和右脑小队。

3）左脑小队在 20 分钟内提出各种实用的、传统的、富有逻辑的设想，并将设想按照数字排序记录在 A4 纸上。

4）右脑小队在 20 分钟内提出各种超越现实、打破传统、非逻辑的设想，并将设想按照数字排序记录在 A4 纸上。

5）让左右脑小队的参与者分别报数，如果左脑小队中的某个参与者报的是奇数，那么他将与右脑小队中同为奇数的参与者进行互换；如果左脑小队中的某个参与者报的是偶数，那么他将留下来。这样，便可在人数不变的情况下实现队友互换。

6）互换后的左右脑小队将共享各自原来的设想，然后分别从中选出有关联的设想进行自由组合，以激发出新的创意。

7）左右脑小队将最终形成的全部创意结果进行梳理，比一比哪个小队提出的创意更多，然后共同选出最有价值的一条创意。

【示例】

假设你是一个鼠标设计师，希望改进鼠标的设计和功能。首先，将创意小组分成两队，左脑小队和右脑小队，经过 20 分钟的讨论，以下是两个小队的部分讨论成果。

1）左脑小队的设想。

① 改进外观，更加符合人体工学。

② 触控的灵敏度更高。

③ 无线鼠标的电池更耐用。

……

2）右脑小队的设想。

① 鼠标能与手势相结合，更轻松地操控计算机。

② 鼠标像卡片一样轻薄，便于携带。

③ 具有拍照功能，通过鼠标拍摄文字即可完成扫描。

……

3）组合形成的创意。

将两组的第一条组合：设计一款闭环式计算机输入设备。

以此类推……

学习提升

1. 在日常生活中我们应该怎样培养和运用创新精神？
2. 你认为企业家精神还可以加入哪些特质？
3. 为什么创新精神对于创业成功起着至关重要的作用？
4. 你会怎样运用创业的思维和态度去实现自身的价值？

本章小结

本章主要介绍了创新与创业的基础理论，以及它们之间的相互关系。通过对创新创业基础理论的讲解和课堂内外的提高训练，让学生真正了解创新创业并能积极投身其中，做到生活中处处有创新。在面对充满不确定性的未来，我们可以用创新创业的思维和态度去开启更有意义的人生。

本章的重点是开启大学生对创新创业的入门认知，难点是理解和培养创新精神和企业家精神。

第二章

创业团队——结伴行，千山也定能踏过

学习目标

1. 理解个人能力的含义。
2. 了解个人能力的种类并掌握创业者需要拥有的个人能力有哪些。
3. 理解团队的相关概念。
4. 掌握创业团队的构成要素。
5. 学会如何进行团队建设。

导入案例

通过团队构筑新东方教育培训体系

北京新东方教育科技（集团）有限公司（以下简称“新东方”）是中国十大顶尖教育品牌之一，2006年9月8日在美国纳斯达克敲钟上市。从某种程度来说，新东方的成功不是其创始人兼董事长俞敏洪一个人的成功，而是由他一手组建的新东方创业精英团队的集体成功。

俞敏洪及新东方的联合创始人徐小平、王强三人号称新东方的“三驾马车”，电影《中国合伙人》的故事蓝本就源自他们的创业故事。

徐小平是俞敏洪在北京大学读书时候的音乐老师，王强是俞敏洪的班长。徐小平1987～1995年在美国、加拿大留学定居，并获得加拿大萨斯卡彻温大学音乐学硕士学位，但当时的他却因找不到工作而过着穷困潦倒的生活。然而同一时期，创办了北京新东方学校的俞敏洪已赚到了第一桶金，他邀请徐小平回国加盟新东方，负责出国留学、签证、移民留学等咨询工作。

王强在获得北京大学西方语系本科学位后留在北京大学英语系教书，后来在美国纽约州立大学攻读计算机专业并获得硕士学位。1996年，新东方的发展规模已有约一万人，俞敏洪去美国请王强加入，当时王强在美国贝尔传讯研究所担任软件工程师，一年的工资折合人民币几十万元，因此最初他对俞敏洪的邀请是很不屑的。可就在某一天，王强和俞敏洪逛市场的时候，一名卖鱼的女孩一眼就认出曾经教过她英语的俞老师，于是王强对于成为一名老师的初心再次萌动，毅然决定放下美国的一切加入新东方。回国后，王强担任北京新东方咨询公司董事长、新东方学校副校长，负责基础英语培训，开创了称之为“美语思维法”的美国口语培训。

当然，除了为人所熟知的“三驾马车”，新东方的“功臣”还有钱永强、胡敏、包一凡和杜子华。

1993 年仍在读大学的钱永强通过自荐的方式加入新东方，他编撰了新东方历史上第一本 GMAT（经企管理研究生入学考试）教材，开创了新东方唯才是举的企业文化。1997 年在耶鲁大学商学院攻读 MBA，深谙中西方文化差异的他提出了线上教育的设想，创立新东方教育在线，并力排众议将网站在英语培训的基础上拓展到其他教育领域，事实证明钱永强是对的，2001 年 12 月成立的新东方在线已有上千万用户，并于 2019 年 3 月 28 日在香港上市。

胡敏号称英语神童，他 15 岁就考上湘潭大学英语本科，24 岁获得上海师范大学硕士学位，28 岁被评为当时中国最年轻的英语副教授。1995 年加入的胡敏在新东方沉淀了三年，于 1998 年创办了英语四、六级和考研等英语培训项目，又在一年后开设了新东方雅思培训部，被媒体称为“中国雅思之父”。胡敏凭借其独特的教学理念和雄厚的学术功底赢得了广大学生的青睐，后来新东方董事会也曾将总裁之位短暂交到胡敏手上。

包一凡曾经是俞敏洪的舍友，1980 年考入北京大学英语系，1988 年留学加拿大，获得传播学硕士学位及 MBA 学位，毕业后曾就职于美国通用汽车公司，1997 年回国后在新东方担任副校长。写作是包一凡的特长，他与人合作创建了写作中心，此外还负责新东方的出版阵地，仅用两年多时间，新东方的图书出版额就从两千多万增长到一个多亿，整整翻了将近五倍。

杜子华是民办外语培训学校“理想学校”的校长，他擅长口语和听力，成功设计并主持了“电影听力提高班”“语音速成班”“英语 900 句”“TSE 口语班”“实用英语系列”“商务英语培训课程”等课程项目。1994 年年底，俞敏洪找杜子华洽谈合作，希望合并当时还属小规模的“理想学校”。两人各取所需，一拍即合，随后杜子华便在新东方主要负责口语和听力教学。

当新东方创业团队的七人合在一起，整个英语培训体系就已经成型了。杜子华包揽听、说、读的部分，包一凡承担写的部分，俞敏洪负责应试，徐小平负责签证，王强掌握基础，胡敏强化高级，钱永强负责打通线上渠道。就这样，各自的强处都得到了发挥，共同推动着新东方不断发展，迈向成功。

（资料来源：小彬．2020．俞敏洪团队 • 团队角色[EB/OL]．https://zhuanlan.zhihu.com/p/63224397．节选，有改动。）

思考

1．你认为新东方的创业团队有哪些优势？

2．一个好的创业团队离不开哪些角色？请谈谈你的见解。

第一节　个 人 能 力

一、个人能力的含义

个人能力是指个人在完成一项目标时所体现出来的素质。每个人都不仅只有一种能

力，每个人的能力都是由多种不同的能力，以特定的结构结合在一起的，主要呈现为相对较强的能力、一般的能力、相对较弱的能力。

个人能力一般包括领导能力、沟通能力、逻辑思维能力、团队合作能力和学习能力。

1）领导能力。它是指个体带领一群人才来为实现共同目标而奋斗的能力。

2）沟通能力。它包括语言表达能力、倾听和理解别人意图的能力。

3）逻辑思维能力。它包括洞察力和逻辑分析能力，是指能从事物中寻找一般规律，从一些被别人忽略的细枝末节发现关键问题的一种能力。

4）团队合作能力。它是指基于团队，充分发挥团队精神，通过互帮互助使团队的最大工作效率发挥到极致的能力。

5）学习能力。它包括专注力、记忆力和对信息整合处理的能力。

我们可以结合以上描述，明确自己的优势和劣势在哪里，认清自己所具备的个人能力。

二、创业者应具备的个人能力

德鲁克认为，“卓有成效的管理者正在成为社会的一项极为重要的资源”，能够成为卓有成效的管理者已经成了个人获取成功的主要标志，而卓有成效的基础取决于管理者的管理能力。一位优秀的创业者，应该具备三种最基本的能力：影响力、领导力和执行力（图 2.1）。只有具备这三种能力，才能对自我、员工和企业施加有效的管理。

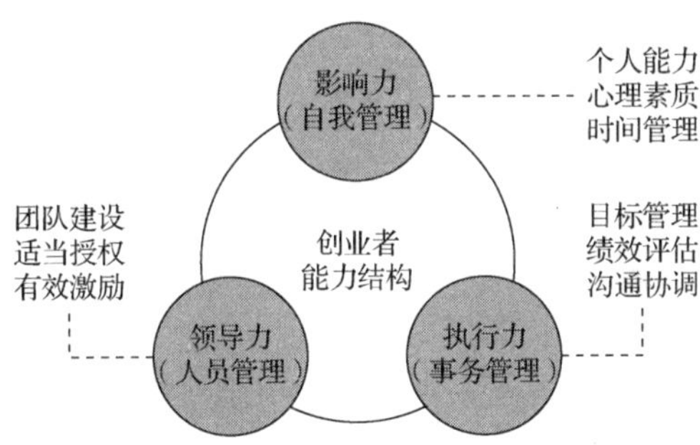

图 2.1　创业者应具备的基本能力

个人能力的测试工具——MBTI 职业性格测试

MBTI 职业性格测试是国际最为流行的职业人格评估工具。作为一种对个性的判断和分析的理论模型，它从纷繁复杂的个性特征中，归纳提炼出四个关键要素：动力、信息收集、决策方式和生活方式。

1921 年，心理学家荣格设计了一套性格差异理论，发表于其经典著作《心理类型学》一书中。荣格相信，性格差异同时会决定并限制一个人的判断，他把这种差异分为内向性/外向性、直觉性/感受性和思考型/感觉型。同时，他认为这些差异是与生俱来的，并在一个人的一生中相对固定。

20 世纪 40 年代，美国的一对母女伊莎贝尔·迈尔斯和凯瑟琳·布里格斯在荣格的心理学类型理论的基础上提出了一套个性测验模型，并命名为 Myers-Briggs 类型指标，即 Myers-Briggs type indicator（MBTI）。

MBTI 人格分类模型和理论的意义在于解释人与人之间的差异现象以及优化决策，对决策流程进行理性干预，它可以帮助解释为什么不同的人对不同的事物感兴趣、擅长不同的工作等。这个工具已经在世界上得到广泛的推广和应用。例如，家人利用它增进彼此间融洽的关系；学生利用它提高学习效率；青年人利用它进行职业抉择；组织利用它改善人际关系、团队沟通、组织建设、组织诊断等。

（资料来源：伊莎贝尔·布里格斯·迈尔斯，彼得·迈尔斯，2008．天资差异[M]．张荣健，译．重庆：重庆出版社．）

第二节　创 业 团 队

一、团队的概念

美国西北大学凯洛格商学院教授利·汤普森（Leigh Thompson）认为，团队就是一群在信息、资源和技能方面相互依存的人，通过共同努力来实现一个共同的目标。

一般来说，团队可以定义为：一个由基层和管理层组成的共同体，有共同理想目标，愿意共同承担责任、共享荣辱，在团队发展过程中，经过长期的学习、磨合、调整和创新，形成主动、高效、合作且有创意的团体，一起解决问题，以达到共同目标。

团队的英文单词是 TEAM，根据以上定义，我们有如下有趣的解读：

- T——together：集合。
- E——everyone：每一个人。
- A——achieve：完成。
- M——more：更多、更快、更好的事。

对于团队而言，每个人都应认可并尊重的一个重要原则是：There is no “I” in team, but there are “M” and “E”。也就是说，主语地位的“我”应让位于团队中的“我们”，“我”只是团队中的一员。

二、创业团队的含义及特点

1．含义

创业团队是指在创业过程中（包括企业成立前期和成立初期），由一群有共同愿景、共同目标、共担风险、共享回报的人及利益相关者所组成的群体。

2．特点

（1）共同性

- 共同愿景——共同的方向，往往也是创业的初衷。

- 共同目标——为目标而努力，才能实现具体的结果和产出。
- 共担风险——创业团队是要面向未来，去探索一个不确定的目标，这意味着有可能成功，也有可能失败，每个人都需要承担风险。
- 共享回报——回报是多元化的，既有物质层面的回报，也有精神层面的回报，如一起去探索未知、一起让自己变得更有价值等。

（2）互补性

- 思维互补——创业团队必须具备不同的思维模式，才能满足用户越来越趋向于个性化的需求。
- 技能互补——团队成员在专业技能上形成互补和平衡，并按专业强项分工，才能产生 1+1>2 的效果。
- 资源互补——理想的团队应该是一个成员所缺少的东西，可以由其他成员提供，以实现团队资源最大化。
- 性格互补——因为创业是一个将想法变成现实的艰苦过程，需要不同性格的人将生活的不同侧面带入创业过程。

第三节　创业团队的构成

一般而言，创业团队的构成主要包括五个方面的元素：目标（purpose）、人员（people）、定位（place）、权限（power）和计划（plan），简称“5P”元素，如图 2.2 所示。

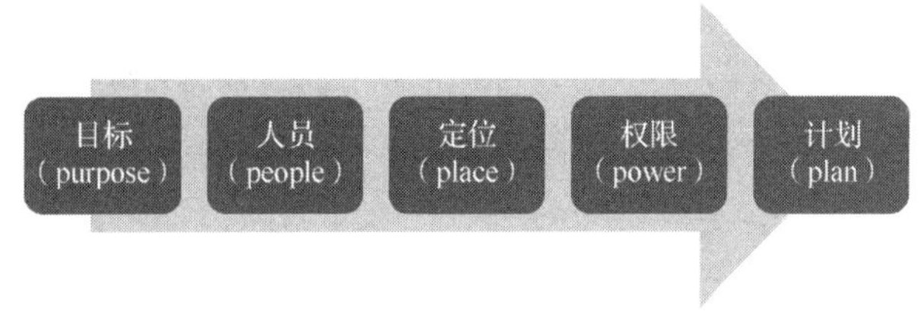

图 2.2　创业团队的“5P”元素

一、目标

创业团队必须有一个明确的目标，这个目标能够引导团队成员的思想和行为。如果没有目标，团队就没有存在的价值。

二、人员

创业目标是通过人员来具体实现的，所以人员的选择是创业团队的重要组成部分，在一个团队中可能需要有人来构思主意，有人来明确计划，有人来具体实施，有人来组织协调，还要有人来监督团队工作的进展，评价团队最终的贡献等。不同的人，通过分工来共同完成团队的目标。因此，在人员选择方面要考虑人员的知识、能力和经验、技能等是否互补。

美国一名曾任欧洲太空总署工程师的创业者普瑞尔·萨拉伊（Prieu Salaj）认为，创业初期的团队成员贵精不贵多，一般创业团队只需具备创新者、实干者、协调者三种角色，便可搭建创业团队的基本架构。这便是萨拉伊总结出的创业团队的“3H”（hipster、hacker、hustler）角色理论。其中，hipster表示创新者角色，善于引领潮流，能洞察市场未来的需求方向；hacker表示实干者角色，掌握核心技术并勇于实践，是团队的中坚力量；hustler表示协调者角色，善于处理团队内外的人际关系。

依据“3H”理论，创业团队各类成员应具备的特点如表2.1所示。

表2.1　“3H”理论

角色	特点
创新者（hipster）	感知力强，能够把握流行趋势
实干者（hacker）	掌握极具突破性、变革性的技术，能把漏洞变成商业机会
协调者（hustler）	善于交际，沟通能力强

三、定位

创业团队的定位包含两层意思：一是团队的定位，即确定团队在企业中处于什么位置，由谁选择和决定团队的成员，团队最终应对谁负责等；二是个体的定位，即对团队成员进行明确分工，确定各自承担的责任。

四、权限

在创业团队中，领导者的权力大小与其团队的发展阶段和创业实体所在的行业相关。一般来说，创业团队越成熟，领导者所拥有的权力就越小；而在创业团队发展初期，领导者的权力相对比较集中。

五、计划

计划有两层含义：一是目标的最终实现，需要一系列具体的行动方案，可以把计划理解为达到目标的具体行动方案；二是只有按计划行动，才能保证创业团队目标的达成，即强调创业团队工作的计划性，将计划作为最终实现创业团队目标的手段。

第四节　创业团队的建设

明确了创业团队的定义后，我们该如何组建一支科学高效的创业团队呢？创业团队的建设流程主要包括：人员招聘、人员分工和团队文化。

一、人员招聘

人员招聘是组织及时寻找、吸引并鼓励符合要求的人到组织中任职和工作的过程。初创企业的人员招聘可采取询问的方式，分别从能力素养与知识经验、动力适切度两个方面展开对应聘人员的了解。

1．能力素养与知识经验

一般可采用“STAR”（situation、task、action、result）法则对应聘者的能力素养与知识经验进行了解。“STAR”法则释义如表 2.2 所示。

表 2.2 “STAR”法则释义

“STAR”法则	释义
情境（situation）	简述相关工作是在什么情况下发生的？
任务（task）	你是如何明确你的任务的？
行动（action）	针对这样的情况分析，你采取了什么行动方式？
结果（result）	结果怎样？在这样的情况下你学习到了什么？

简而言之，“STAR”法则就是通过模块化的方式引导应聘者讲述自己的故事，从而让面试官更好地了解应聘者所具备的知识经验、协作能力、沟通能力、主动解决问题的能力等。

2．动力适切度

在进行人员招聘时，动力适切度也是很重要的一点，即需要找到与团队愿景一致的人。针对这一点，可以从以下三个方面对应聘者进行询问，简单总结如下。

1）你是谁？

2）你从哪里来？

3）你要去哪里？

具体的问题可以是“请进行简单的自我介绍。”“你之前有过哪些工作经历？为什么离职？”“你对自己未来的职业规划是什么？”等。

二、人员分工

萨拉伊的“3H”角色理论可以帮助团队在创业初期完成核心成员的构建，但随着初创企业的发展，团队成员分工需要进一步细化。我们可以参照英国剑桥大学雷蒙德·梅瑞狄斯·贝尔宾（Raymond Meredith Belbin）提出的团队角色理论，将原本的三种角色进行细化，并设置九种角色，如图 2.3 所示。

图 2.3　贝尔宾提出的九种团队角色

贝尔宾提出的九种团队角色理论说明如表 2.3 所示。

表 2.3　贝尔宾提出的九种团队角色理论说明

序号	角色	典型特征	积极特性	能容忍的弱点	在团队中的作用
1	执行者（implementer）	保守；顺从；务实可靠	有组织能力、实践经验；工作勤奋；有自我约束力	缺乏灵活性	努力工作，并能系统化地解决问题
2	协调者（coordinator）	沉着；自信；有控制局面的能力	对各种有价值的意见不带偏见地兼容并蓄，看问题比较客观	在创造力方面有所欠缺	综合团队的建议，明确团队的目标和方向；帮助确定团队中的角色分工、责任和工作界限
3	鞭策者（shaper）	思维敏捷；开朗；主动探索	有干劲，随时准备向传统、低效率、自满自足挑战	好激起争端，爱冲动，易急躁	寻找和发现团队讨论中可能的方案；使团队内的任务和目标成型；推动团队达成一致意见，并朝向决策行动
4	智多星（plant）	有个性；思想深刻；不拘一格	才华横溢；富有想象力；智慧；知识面广	高高在上；不重细节；不拘礼仪	提供建议；提出批评并有助于引出相反意见；对已经形成的行动方案提出新的看法
5	外交者（resource investigator）	性格外向；热情；好奇；联系广泛；消息灵通	广泛联系人的能力；不断探索新的事物；勇于迎接新的挑战	专注度不高	提出建议，并引入外部信息；接触持有其他观点的个体或群体；参加磋商性质的活动
6	审议员（monitor evaluator）	清醒；理智；谨慎	判断力强；分辨力强；讲求实际	缺乏鼓动和激发他人的能力；自己也不容易被别人鼓动和激发	分析问题和情景；对繁杂的材料予以简化，并澄清模糊不清的问题；对他人的判断和作用做出评价
7	凝聚者（team worker）	擅长人际交往；温和；敏感	有适应周围环境及人的能力；能促进团队的合作	在危急时刻往往优柔寡断	给予他人支持，并帮助他人；打破讨论中的沉默；采取行动扭转或克服团队中的分歧

续表

序号	角色	典型特征	积极特性	能容忍的弱点	在团队中的作用
8	完成者（completer finisher）	勤奋有序；认真；有紧迫感	理想主义者；追求完美；持之以恒	常常拘泥于细节；容易焦虑；不洒脱	强调任务的目标要求和活动日程表；在方案中寻找并指出错误、遗漏和被忽视的内容；刺激其他人参加活动，并促使团队成员产生时间紧迫感
9	专业师（specialist）	诚实、从自我做起、专注、能在急需时带来知识和技能	专业领域比较狭窄，只懂自己擅长的特殊专业领域，对其他事情兴趣不大	对其他领域所知甚少	提高团队的专业素养

贝尔宾提出的九种团队角色理论认为，高效的团队工作有赖于默契协作，团队成员必须清楚其他人所扮演的角色，了解如何相互弥补不足，发挥优势。成功的团队协作可以提高生产力，鼓舞士气，激励创新，并弥补其他成员的不足。

三、团队文化

团队文化是指团队成员在相互合作的过程中，为实现各自的人生价值，并为完成团队共同目标而形成的一种潜意识文化。

团队文化构成团队建设的主要内容，主要包括三个基本要素：团队精神、团队情绪和团队效率。

1．团队精神

团队精神是团队成员共同认可的一种集体意识，它能显现出团队成员的工作心理状态和士气，是团队成员共同价值观和理想信念的体现。团队精神的实质是一种力量，是员工在行动上的默契与互补，是“小我”与“大我”的同步发展。团队精神对团队成员的集体共同意识具有一种强化作用，可以推动团队的有效运作和发展，提高组织的整体效能。

2．团队情绪

在企业发展过程中经常会碰到困难与挫折，但优秀的团队能够使团队成员相处愉快，并愿意为企业排忧解难。行为科学的奠基人乔治•埃尔顿•梅奥（George Elton Mayo）认为，士气的高低取决于安全感、归属感等社会、心理方面的欲望满足程度。满足程度越高，士气就越高，生产效率也越高。士气又取决于家庭、社会生活的影响，以及企业中人与人之间的关系。如果成员之间相互信任，能够坦诚、开放、平等地沟通与交流，则人际关系和谐，参与愿望强烈，工作中自然就充满热情与活力。团队在文化氛围上既要强调团队精神，又要鼓励个人自我完善与发展，关注团队情绪，杜绝过于强调团队精神而压倒个性的文化倾向，由此才能激发出个人的积极性、主动性和创造性。

3．团队效率

一个高效的团队不会墨守成规，经常能创造性地解决问题，并有着很好的对变化实行检测的预警系统与习惯，能对技术的变迁做出迅速反应，对价值观的变化做出调整。团队建设应该保证团队民主、平等的氛围，从而使成员能够畅所欲言，从不同角度提出不同的意见和方案，确保最终决策科学、合理。团队内部以及团队与组织其他部门之间建立密切联系，可使信息沟通更加畅快、决策效率显著提高。

活动

组建“创业团队”

所需材料：彩色笔、A3 纸、A4 纸。

活动时间：60 分钟。

我们需要组建一个创业团队，可以按九宫格分组法来做相互介绍，以寻找合适的团队成员。

具体步骤如下。

1）每人发一张 A4 纸，按表 2.4 中九宫格的提示填写内容，并准备一段话介绍自己。

表 2.4　九宫格提示

爱好 1 例：摄影	爱好 2 例：美食	性格特点 例：乐观、随和
沟通特点 例：主动热情、表述完整清晰、有亲和力	姓名、学院或专业 例：陆言　管理学院　市场营销专业	生源地或籍贯 例：广东省广州市
星座和属相 例：双子座　属鼠	擅长的技能 例：组织策划	你的梦想 例：成为一名美食博主

2）自由交流环节，在规定的时间内（一般不超过 30 分钟），带着自己的九宫格，与感兴趣的同学进行相互介绍。

3）根据班级人数确定每个小组的人数及总的组数，一般以 4～6 人为一个小组。由教师随机抽取学生上台进行自我介绍，并公布希望组成团队的学生名单。若被点名的学生愿意与该同学组队，则上台进行自我介绍；若不愿意，则在台下待定。当小组达到预设组数后，此环节结束。

4）剩余的待定同学一一上台进行自我介绍，由未满员的小组举手示意是否愿意招纳该同学为自己小组的成员，进一步进行双向选择。

5）全员分组完成后，各小组自行投票选出队长，接下来用 15 分钟的时间来讨论，并用彩色笔在一张 A3 纸上写上组名、队长、成员名单及小组口号。此外，还要进行人员分工，制定好你们小组的组织架构。

6）各小组按编号上台进行展示，每组限定 1 分钟。

课后案例

腾讯的创业团队

高效的团队是由一群有能力的成员所组成的，他们具有实现理想目标所必需的技术和能力，而且具备相互之间信任且确保良好合作的个性品质，从而出色地完成任务。

1998 年 11 月，马化腾与他的同学张志东合资注册了深圳腾讯计算机系统有限公司。之后又吸纳了三位股东：曾李青、许晨晔和陈一丹。马化腾根据各自特点分工来确定各自出资和占有股份的比例。从股份构成来看，5 个人共凑了 50 万元，其中马化腾出资 23.75 万元，占 47.5%的股份；张志东出资 10 万元，占 20%的股份；曾李青出资 6.25 万元，占 12.5%的股份；其他两人各出资 5 万元，各占 10%的股份。马化腾坚持自己的股权在 50%以下，因为他认为："要他们的总和比我多一点点，不要形成一种垄断的局面。"同时，他自己一定要出主要的资金，占大股，因为"如果没有一个主心骨，股份大家平分，到时候也肯定会出问题。"马化腾虽然一股独大，但并不绝对控股，这使得腾讯的创始人团队从一开始就形成了民主决策的氛围。后来，当腾讯公司发展到数千人的规模时，这种民主决策的风格也被保留下来。

保持稳定的另一个关键因素是搭档之间的"合理组合"。

据《中国互联网史》的作者林军回忆，马化腾非常聪明，但也非常固执，注重用户体验，愿意从普通用户的角度去看产品。张志东是对技术很沉迷的一个人。当然马化腾的技术也很不错，但他的长处是能够把很多事情简单化，而张志东更多的是把一个事情做得完美化。许晨晔和马化腾、张志东同为深圳大学计算机系的同学，他是一个非常随和的人，是有名的"好好先生"，虽然有自己的观点，但不轻易表达。陈一丹是马化腾在深圳中学时的同学，后来也在深圳大学就读，他十分严谨，但又是一个非常张扬的人，能够在不同的状态下鼓动大家的激情。

如果说其他几位合作者都只是"搭档级人物"的话，那么只有曾李青是腾讯 5 个创始人中最好玩、最开放、最具激情和感召力的一个，与温和的马化腾、爱好技术的张志东相比，是另一个类型。曾李青大开大合的性格，比马化腾更具有攻击性，更像拿主意的人。不过或许正是这一点，也导致他最早脱离了团队，单独创业。

后来，马化腾在接受多家媒体的联合采访时承认，他最开始也考虑过和张志东、曾李青三个人均分股份的方法，但最后还是采取了 5 人创业团队，根据分工占据不同的股份结构的策略。即便是后来有人想加钱，占更大的股份，马化腾都统统拒绝。因为在马化腾看来，未来的潜力要和应有的股份相匹配，不匹配就要出问题。如果持大额股份的人不干活，做事的人股份又少，矛盾就会产生。

当然，经过几次稀释，腾讯公司上市时他们各自所持有的股份比例只有当初的 1/3。即便是这样，他们每个人的身价都还是达到了数十亿元人民币。

可以说，在中国的民营企业中，能够像马化腾这样，包容地选择性格不同、各有特长的人组成一个创业团队，并在成功开拓局面后还能依旧保持长期默契合作是很少见的。马化腾的成功之处，就在于他从一开始就很好地设计了创业团队的责、权、利，即能力越大，责任越大，权力越大，收益也就越大。

（资料来源：作者根据网络相关资料整理改写。）

思考

你认为腾讯的创业团队取得成功的关键因素可以归结为哪几点？

课后任务

1．为项目寻找指导教师

创业路上，除了团队成员的陪伴以外，合适的指导教师能够为我们的项目提供很好的建议，或是为项目做信任背书，有些教师的人脉资源或科研成果也可以提升项目的发展潜力。因此，在组建创业团队后，可以请各个小组在课后寻找 1～3 名指导教师加入你们的团队。如果你们已经对项目有了具体的想法或方向，可以寻找专业领域的相关教师；如果你们还没有任何头绪，可以找一名熟悉的教师和你们一起构想项目，并在项目成型后，加入新的指导教师。

实践：请相对应完成实践模块的“第 2 部分　团队与组织结构”（第 149 页）。

2．用 MBTI 职业性格测试个人性格

用 MBTI 职业性格测试对个人进行性格测试并确定自己在小组中担任的角色。每个小组最好有以下 5 种角色：领导者、沟通协调者、创新者、实干者和策划者。

MBTI 职业性格测试共有四个维度，每个维度有两个方向，共八个方面，分别如下。

- 动力：外向（E）和内向（I）。
- 信息收集：感觉（S）和直觉（N）。
- 决策方式：思考（T）和情感（F）。
- 生活方式：判断（J）和知觉（P）。

MBTI 职业性格测试有不同版本的测试题，学生可以自行上网进行在线测试，看看自己属于哪种性格类型。

学习提升

1．除了现有的个人能力外，应该如何培养更多的能力？

2．为什么创业需要团队？

3．一个好的创业团队需要哪些不同类型的人员？

4．团队建设的要点有哪些？

本章小结

本章主要介绍了个人能力与团队建设两大部分内容。了解五种主要的个人能力，并尝试运用 MBTI 职业性格测试对自己的个人能力进行评估。此外，还学习了团队的含义、团队构成的“5P”要素，以及团队建设的相关内容，如人员招聘、人员分工、团队文化。

本章的重点是个人能力以及团队的相关概念，难点是如何组建团队和进行团队建设。

第三章

创新思维——拥有超越平凡的力量

学习目标

1. 了解创新思维的概念和类型。
2. 理解不同创新思维的特点。
3. 掌握创新思维的使用方法。

导入案例

三家出版社的营销妙计

罗马的一家出版社为了将滞销书卖出去，绞尽脑汁地想让总统看一下他们的书，并帮他们简单做一下宣传，然而作为一国元首，总统实在无暇顾及。尽管如此，这家出版社也并没有就此放弃，经一再请求之下，不胜其烦的总统只好随便说了句“此书甚好”。虽然只得到了一句简单的评价，可是出版社为这本书打上“现有被总统高度评价的书出售”的宣传口号，这本滞销书旋即售罄。

另一家出版社见状，也想通过复制该营销手段来分一杯羹，邀请总统来给他们的一本书做评价，但被利用过一次的总统对这种营销方式深感不悦，于是说了句“这书糟透了”。没想到，这本书的宣传海报上出现了一句广告语——“这是一本让总统强烈抨击的书”，结果这本书也同样大卖。

第三家出版社看上这种“总统效应”，也找上门来，已经彻底无语的总统决心不再理睬这群“狡猾”的书商。然而第二天，一句广告语——“这是一本连总统都无法下结论的书”映入消费者的眼帘，毫无疑问，这家出版社的书也席卷了市场。

这三家出版社面对总统的不同态度，各自从创新的角度与方向来切入，提出了营销妙计，都得到令人满意的业绩。这里体现了他们的一种创新思维——面对眼前的难题，摆脱思维定式，跳出平常的思维框架，另辟蹊径去探索问题。这些不同的方案最后都集中起来，力求利用消费者的好奇心来达到同一个目的——把书卖出去。由此可见，善于运用创新思维，即使在解决问题的过程中没有得到最好的支持，也能化逆境为顺境。

（资料来源：作者根据网络相关资料整理改编。）

◆思考◆

三家出版社运用“总统效应”提出了不同的宣传口号，假设你也是出版社的一员，在不考虑总统态度的情况下，还能想出更多的营销妙计吗？

第一节 创新思维的概念

一、创新思维的定义

创新思维又称为创造性思维，是一种运用独到而新颖的方式去处理或表达某种事物的思维过程，往往表现为发明新技术、形成新观念、创建新理论、提出新方案和新决策等。广义上的创新思维，还表现在思考的方法和技巧上。

创新思维能让思考者突破思维固化的界限，让思考者敢于打破常规，甚至用反常规的方法和视角去思考问题，提出与众不同的解决方案，由此产生的思维成果往往是新颖独到的，并且具有一定的社会意义。

拓展

新的高空救援设备——援救飞毯

据了解，世界上最高的消防云梯最多能到达约40层楼房的高度，而对于高空救援来说，目前大部分消防机构所采用的设备和方法仍然比较落后，普遍使用的是“空降绳索+救援人员”的方式，这样一种救援方式需要消耗大量的人力、物力，而且存在一定的安全隐患。另外，在部署和准备方面也需要花费时间，很可能会错过救援的最佳时机。也就是说，传统的方式在很多情况下已经不再适用，有必要开拓创新，打造一款新的高空救援产品。

来自广东技术师范大学的一支创业团队想到将无人机运用到高空救援的创意。当时，恰逢2018年德国iF设计新秀奖竞赛开始募集作品，团队中一名学生偶然想起主办方发布的4个主题中包含了一项“无人机服务项目”，于是便提出将无人机技术应用在高空救援领域的创新想法。在团队成员的共同努力下，援救飞毯（net guard）的概念诞生了，这是一款将无人机和网结合在一起的高空救援设备，它可以在发生火灾等高空突发事件时进行人员营救。当系统收到求救信号时，“援救飞毯”就会尽快按直线飞抵事故现场，由一个整体拆分成四个牵着网的部件，对高空楼层的被困者进行救援。图3.1为援救飞毯概念图。

这支团队正是运用创新思维得出了援救飞毯的创意，该发明获得了2018年德国iF设计奖等荣誉，同时，这一项目还受到了全球范围内的广泛关注，被央视网、腾讯网、纽约邮报、美国BGR技术新闻网等多家世界知名媒体所报道。

图 3.1 援救飞毯概念图

（资料来源：广东技术师范大学“Net Guard”创意团队。）

二、创新思维的特性

创新思维具有能动性、独特性、变通性和敏感性等特性。

1. 能动性

能动性就是让思考者的观念自由发挥，在尽可能少的时间内产生尽可能多的观点，并将它们表达出来，而且还能较快地适应并掌握如何运用新的思维方式。

2. 独特性

独特性是指人们敢于在创新思维中打破惯性思维，突破常规，勇于超越，通过独立思考，形成与众不同的观点和见解。

拓展

独特的嘻哈风广告

搜狗翻译是搜狗公司旗下的一款产品，其发布的《唐朝有嘻哈》广告是体现创新思维独特性的成功范例。在《中国有嘻哈》大火的 2017 年，不跟风说上几句即兴说唱似乎都稍显落伍。各大品牌纷纷把视线转向这个热门节目，从节目赞助合作到嘻哈明星代言，再到相关视频广告片，铺天盖地地向消费者袭来。搜狗翻译另辟蹊径，同样是以说唱对决的形式，但邀请的两位说唱歌手却令人大吃一惊，分别是“李白”和“杜甫”，诗歌加上说唱的广告还是首次出现。打开 H5 宣传页面，呈现在大家眼前的是两位诗人的皮影戏形象，点击“Diss 模式启动，Battle 马上开始”进入具体内容页面后，有更多令人惊艳的皮影古风背景细节。两位举国皆知的诗人的对决融入嘻哈流行语后竟毫无违和感，自然地引出了需要宣传的产品——搜狗翻译。视频结束后还有诗歌弹幕飘过页面，用户点击任意一条都能得到搜狗的翻译结果。画面下方，“呼朋唤友参观”“我要翻译神器”分别对应分享和下载功能，快速引流。这样一种从自身产品和受众角度出发，将美国街头文化与中国传统文化相结合的形式，以鲜明的反差带来感官上的冲击力，独特而有趣，为搜狗翻译带来了很好的宣传效果。

（资料来源：作者根据网络相关资料改编。）

3. 变通性

变通性是指创新思维没有受到框架约束，人们在用创新思维思考问题时，能够让自己的思维打破陈旧观念的束缚，打破僵化的思维框架，使思维朝着不同的方向扩散开来。

4. 敏感性

敏感性是指像追寻猎物的猎犬一般敏锐地观察和认识客观事物的性质和特征。客观事物纷繁复杂，所表现出的特征也各式各样，如何正确识别它们的特点与联系，这与人的思维敏感性是分不开的。具有敏感性思维的人，他们所表现出的创新能力也较强。

听诊器的发明

1816 年，35 岁的法国医生雷奈克接诊了一位年轻的女性患者，她看起来有心脏疾患的症状，但还无法确诊。在做过触诊和叩诊之后，雷奈克依然没得到多少诊断线索，这时应该要进行听诊了。在那个时代，医生听诊只能直接把耳朵贴到患者的身体上，这样的男女肌肤相亲令人十分尴尬。一天，雷奈克在小路漫步时，看到有两个小孩蹲在一条长木梁两端游戏，一个小孩敲他那一端的木梁，另一端的孩子则把耳朵贴在木梁上，静听彼端传来的声音。雷奈克由这个游戏想到了听诊时的状况，他灵机一动想到了一个创意点子。他立刻返回医院，用纸卷成圆锥筒，用宽大的锥底置于病人的胸部，倾听了一阵，惊喜地发现，可以听到病人胸部内的声音。经过多次试验，他试用了金属、纸等不同材料、不同长短的棒或筒，最后改进成长约 30 厘米、中空、两端各有一个喇叭形状的木质听筒，这就是听诊器最初的雏形。听诊器的发明体现了创新思维中的敏感性。

（资料来源：佚名，2017．发明“听诊器”的故事[EB/OL]．https://www.jianshu.com/p/ca8e51e06cd3．节选，有改动。）

三、创新思维的障碍

创新思维存在诸多因人而异的障碍，其中比较常见的有依赖经验、盲目从众、受缚权威、拒绝变化等。

1．依赖经验

人们在实践活动中会获得许多感性认识，并对它们进行初步概括和总结，最后形成经验。这些经验能够指导人们的生产生活，但无论是个人经验还是集体经验都会存在一定的局限性。在创新活动中，过去的经验有可能成为创新的绊脚石而限制思维的进一步发散。

让美国科学家头痛的问题

当年美国和苏联竞争太空技术，美国人看到苏联宇航员可以在太空写字，觉得很奇怪，苏联人到底采用了什么技术，能够在没有大气压力的情况下写出钢笔字？美国的科学家进行了大量研究，却始终没有找到解决方案。最终他们发现：原来苏联人用的是铅笔，而美国人因为自己的习惯，总是想着用钢笔。这就是人们依赖经验的具体表现，如果不能消除对经验的依赖，只会把问题越搞越复杂。

（资料来源：景元，2018．五种微创新的方法[EB/OL]．https://book.douban.com/review/9067832/．节选，有改动。）

2．盲目从众

从众心理是一种比较普遍的社会心理，它指的是一种个人受到外界人群行为的影响，而在自己的知觉、判断、认识上表现出符合公众舆论或多数人的行为方式。这样的心理也许难以避免，但一定要杜绝缺乏主见和完全“随大流”的盲目从众，因为这会阻碍创新思维的发展和实施。

脱掉“盲目从众”的帽子

美国一位名叫福尔顿的物理学家，运用新的测量方法测量出固体氦的热传导度，测出的结果比按传统理论计算的数字高500倍。福尔顿感到这个差距太大了，他觉得如果公布这个数据，会被人视为故意标新立异、哗众取宠，所以他没有声张。没过多久，美国的另一位年轻科学家，在实验过程中也测出了固体氦的热传导度，测出的结果同福尔顿测出的完全一样。不同的是，这位年轻科学家公布了自己的测量结果，并在科学界引起了广泛关注。福尔顿听说后追悔莫及，他表示：如果当时我摘掉名为“习惯”的帽子，

而戴上“创新”的帽子，那个年轻人就不可能抢走我的荣誉。其实，福尔顿所谓“习惯”的帽子就是一种盲目的从众心理。唯有摆脱盲目从众的心理，才有可能抓住创新的机遇。

（资料来源：何名申，2020．跳出框框想之五：慎对从众[J]．思维与智慧（8）：4-5．节选，略有改动。）

3．受缚权威

初次踏入某领域的人往往倾向于关注该领域权威人士的观点，很可能在被迫或不自觉的情况下，被某些权威观点所束缚而影响自身对事物的判断和具体行为。我们要敢于挣脱这种束缚，让自己的创新思维在自由的环境下得到充分发挥，这样才有机会突破权威的限制，从而发现新的观点、提出新的见解。

拓展

敢于突破权威的音乐指挥家

小泽征尔是一名日本音乐指挥家。一次，他去欧洲参加指挥比赛，决赛时被安排到了最后。评委交给他一张乐谱，小泽征尔稍做准备后便全神贯注地指挥起来。突然，他发现乐曲中出现一点不和谐，开始他还以为是演奏错了，就指挥乐队暂停并重新演奏，可第二遍还是觉得不自然，他认为乐谱确实存在问题。可是，在场的作曲家和评委会权威人士都声明乐谱不会有问题，是他的错觉。面对国际音乐节评委的权威，他不免对于自己的判断产生了动摇，考虑再三之下还是坚信自己的判断是正确的。于是，小泽征尔大声说：“不！一定是乐谱错了！”他的声音刚落，评委席上那些评委们立即站起来，向他报以热烈的掌声，祝贺他夺冠。

原来，这是评委们精心设计的一个“圈套”，以试探指挥家们在发现错误却不被权威人士认可的情况下，是否仍然能够坚持自己的判断。因为评委们认为，只有具备这种与权威对抗的勇敢素质，才能真正称得上是世界一流的音乐指挥家。在所有参赛选手中，只有小泽征尔相信自己，不附和权威，成功夺冠，后来他成为世界著名的音乐指挥家。

（资料来源：佚名，2014．小泽征尔夺魁[EB/OL]．https://www.xigushi.com/mrgs/10829.html．略有改动。）

4．拒绝变化

机械呆板、拒绝变化往往是有害无利的，它就像一个巨型的船锚，把你拉扯在原地，使你停滞不前。作为创新思维的使用者，应当学会审时度势，因势而变，迅速对出现的变化做出相对的反应，这样才能让自己走出困境，驶向充满未知和希望的远方。

拓展

用思维导图“打印”你的想法

思维导图作为一种思维工具，最早由英国著名心理学家托尼·布赞在20世纪70年代提出。我们在运用它时，通常从一个中心主题出发，向与主题相关的各个方面、角度、方向进行延伸，将这个主题中丰富的内涵层层递进，挖掘更多有用的细节，这将有利于我们更好地从不同角度厘清我们正在学习或研究的主题。我们在制作思维导图时，可采用简短的关键词、图形等来表示分支，并充分利用颜色、线条、图像、符号等方式来表达思考的过程和结果。思维导图体现的正是大脑的发散思维，同时它也是一种行之有效的对思维结果进行总结归纳的方法。让我们借助思维导图，以最简单和自然的思考方式，把零散、单一的思维整理成系统、有效的思维吧。图 3.2 为用思维导图了解“思维导图”。

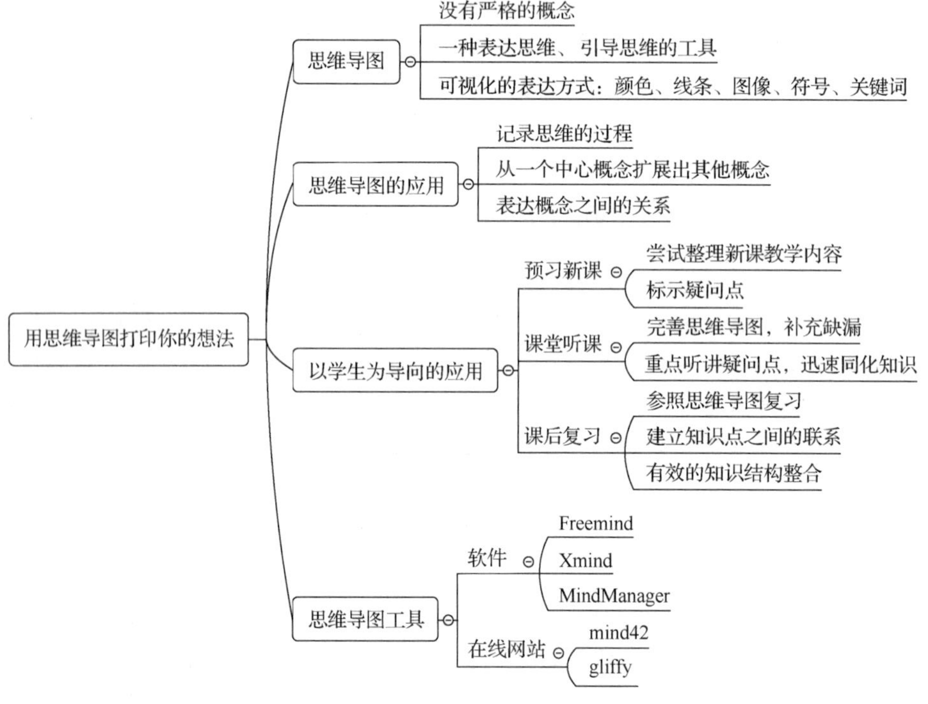

图 3.2　用思维导图了解“思维导图”

（资料来源：王锐，2011．思维导图漫谈[EB/OL]．https://wenku.baidu.com/view/dd069425dd36a32d737581b8.html．节选，有改动。）

第二节　创新思维的类型

从多个角度观察和处理事物、问题和过程是创新思维的一个重要诀窍。同一个事物，从不同的角度出发，能够得到不同的结论。就像致命的蛇毒也能制成救命的抗蛇毒血清一样，善用创新思维有时能产生化腐朽为神奇的作用。在我们的生活中，常见的创新思维有发散思维、聚合思维、直觉思维、灵感思维、逻辑思维和联想思维。

一、发散思维

发散思维是由美国著名心理学家乔伊•保罗•吉尔福特（Joy Paul Guilford）提出的，他认为发散思维是创新思维的核心，是一种从不同的角度与方向思考问题，以解决问题为核心、以提出尽可能多的解决方案为目标的开放性思维方式。发散思维包括：逆向思维、多路思维、平面思维、立体思维、侧向思维、横向思维、组合思维等。发散思维是创新思维最主要的特点，是测定创造力的主要标志之一。

发散思维一般具有以下基本特征。

1．流畅性

流畅性反映的是通过发散思维产生的成果，在短时间内不间断地呈现过程。例如，思考一匹布能做成什么东西，我们很容易想到做衣服、窗帘、桌布、床单等，在较短的时间内，连续获得多个创新成果。

2．开放性

发散思维是一个摆脱思维定式，打破思维框架，另辟蹊径去探索问题的过程，因而具有开放性。通常会借助横向类比、跨域转化、触类旁通等方法，使发散思维沿着不同的方面和方向扩散，表现出极其丰富的多样性和多面性。例如，共享充电宝就是在共享自行车大火之后通过类比发掘的新商机。

3．独特性

独特性表现为站在前所未有的新角度去认识事物，想一些常人很难想到的方式与方法，从而解决问题。例如，吸尘器的发明，从前清理灰尘都是想着如何将其“扫”走，而原来采用“吸”这种新方式也能很好地将灰尘清理干净。

4．多感官性

发散思维充分利用听觉、视觉等多种感官来接收和加工外界信息。发散思维还与情感有密切关系，如果思维者能够想办法激发兴趣，产生激情，把信息情绪化，赋予信息以感情色彩，就能提高发散思维的速度与效果。例如，在广告中加入动人情节，更能吸引观众。

二、聚合思维

与发散思维相反，聚合思维是一种在已知条件的既定目标中寻找最终唯一答案的思维方式，是一种将各种信息从不同角度和层面聚集在一起，尽可能利用已有的知识和经验，将各种信息进行归纳、分析、整合，以此产生新的观点和想法的思维方式。因此，聚合思维又称为收敛思维或集中思维。图 3.3 为聚合思维示意。

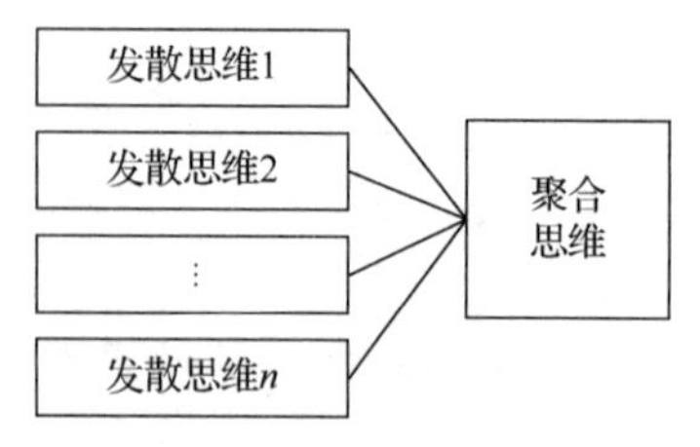

图 3.3　聚合思维示意

聚合思维一般具有以下基本特征。

1. 向心性

发散思维是将思维沿着不同角度和方向扩散开来，而聚合思维是将由四面八方的发散思维所形成的结果聚集起来，像激光一样射向一个靶心，集中指向、目标单一。但正因为如此，聚合思维具有一定的封闭性。

2. 关联性

不同于发散思维，在聚合思维过程中，要想准确地发现最佳的方法或方案，必须以目标为核心，综合考察各种信息，并对其进行归纳、分析和比较，对原有的知识从内容到结构有目的地进行评价、选择和重组，从而形成一个合理的方案。因此，聚合思维的思考过程，其环节之间紧紧相连，一环扣一环，具有关联性。

3. 求实性

发散思维产生的想法多数是未经过深度思考的，很多尚不具备实际应用价值。然而，通过聚合思维可以从实际出发，对研究的问题进行深度挖掘，产出的创新成果往往是切实可行的。

三、直觉思维

直觉思维是指未对问题进行逐步分析，仅依存内因的感知而迅速对问题做出判断，突然对问题产生顿悟的一种思维方式。直觉思维是在实践经验、固有知识的基础上形成的认知能力，能够帮助人们迅速做出优化决策，或做出创造性的预见。美国著名的认知心理学家杰罗姆·布鲁纳（Jerome Bruner）认为：直觉思维是以对整个问题情境的总体把握为前提，多借助形象的或视觉的手段，而不是依赖严格的证明，是一个用直接的、跃进的方式获得问题答案的思维过程。

直觉思维一般具有以下基本特征。

1. 直接性

直觉思维是一种思考者自己对于事物本质或规律的自发领悟，不受现有固定逻辑或

规则的约束的思维方式。布鲁纳认为，直觉就是一种直接的、非渐进的、以视觉形象为思维媒介的、对问题飞跃式的直接把握和解决。

2．非逻辑性

直觉思维的智力操作是内隐的、无意识的，通常以顿悟的形式表现出对问题的正确把握，它的进行往往未依从什么逻辑规则，也不受形式逻辑规则的束缚，其结果的得出也没有经过严密的推理，带有一定的猜测性和预见性，常常会得出一些反逻辑的创造性思想。

3．迅速性

直觉的形式表现为很快产生假设，也就是能迅速对问题的解决方案做出猜想和预测。思考者面对问题时通过自己的经验与知识储备，在极短的时间内碰撞出思想的火花并得出结论，这种结论往往出现的毫无预兆，所以是稍纵即逝的。

拓展

居里夫人和放射性元素

居里夫人在深入研究铀射线的过程中，凭直觉感到铀射线是一种原子的特性，除铀外，是否还有别的物质也具有这种特性。她立即扔下对铀的研究，决定检查所有已知的化学物质，不久就发现另外一种物质——钍，也能自发发出射线，与铀射线相似。居里夫人提议把这种特性叫作放射性，铀和钍这些具有这种特性的元素就叫作放射性元素。

放射性令居里夫人着了迷，她检查全部的已知元素，发现只有铀和钍有放射性。她又开始测量矿物的放射性，突然她在一种不含铀和钍的矿物中测量到了新的放射性，而且这种放射性比铀和钍的放射性要强得多。凭直觉，她大胆地假定这些矿物中一定含有一种放射性物质，而且是目前未知的一种化学元素。在这种自信的驱使下，居里夫人终于和她的丈夫一起发现了新的放射性元素——钋和镭。直觉让居里夫人敢于探索新事物，并获得了成功，居里夫人也凭借自己出色的工作成果，成为世界上第一个两次获得诺贝尔奖的人。

（资料来源：中医药研究，2014．直觉思维[EB/OL]．http://www.360doc.com/content/14/0912/22/15333754_409033072.shtml．节选，有改动。）

四、灵感思维

灵感思维是指当我们长时间沉浸在对于眼前问题的思考中时，受到外界事物的启发，茅塞顿开，顺势解决问题的过程，通常所说的“一语惊醒梦中人”便是如此。现实生活中，有不少的创意都来自灵光一现。

拓展

可口可乐饮料的诞生

享誉全球的可口可乐饮料就是一次“歪打正着”的灵感产物。可口可乐最初是作为一种健脑药在美国上市的，它能消除疲劳，振奋精神。当它还是健脑药时，它的销量可以说是比较惨淡的。有一天，一名头痛患者来到药店，跟店员要求当场给他冲一杯这种药剂。由于事情太突然，慌张的店员没有按说明书中的要求倒入自来水，而是粗心地随手拿起苏打水调配药剂给那位患者喝。没想到的是，患者喝了几口后竟然大呼过瘾，对这个味道赞不绝口。这件事启发了在禁酒令下致力于调配新饮料的约翰·斯蒂斯·彭伯顿（John Stith Pemberton），用苏打水冲泡的健脑药或许就是他一直在寻找的东西。后来，彭伯顿对该配方进行了一系列调整，并将其命名为可口可乐，这款“芳醇可口，益气提神”的饮料逐渐在美国风行起来。

（资料来源：佚名，2018．创造性思维的例子 15 个[EB/OL]．https://wenku.baidu.com/view/aef3ad62591b6bd97f192279168884868762b8d4.html．节选，有改动。）

灵感思维一般具有以下基本特征。

1．突发性

由于外界启发具有不确定性，我们通常无法预计灵感会在什么时候出现，它往往是突如其来的，而这种让人幡然醒悟的思考结果往往也是意想不到的。

2．模糊性

灵感思维的模糊性是由它的突发性而产生的，这是灵感思维的一个突出特征。因为灵感思维是突然发生的，像闪电一般一闪而过，转瞬即逝，所以它不可能做到严密清晰。尽管可在总体上把握事物的本质或规律，但细节层面还很粗糙，不可避免地具有一定的模糊性。

3．意象性

灵感思维伴随思维意象运动存在。例如，华特·迪士尼（Walt Disney）因为一次看到行李箱中的小老鼠而闪过一个念头，创造了“米老鼠”这一经典动画形象。可见，意象的暗示与启迪很可能带来思维上的“顿悟”，实现“一语惊醒梦中人”。

五、逻辑思维

逻辑思维，又称为抽象思维或闭上眼睛的思维，它是在人的感性认识的基础上，以概念为操作的基本单元，以判断推理为操作的基本形式，以辩证方法为指导，间接概括地反映客观事物规律的思维过程。相对于前面提到的灵感思维，逻辑思维更注重扎根现

存的某种思维规则和思维形式，它要求思考结果的每一部分都有依有据，并经得起现实的推敲。

逻辑思维一般具有以下基本特征。

1．规范性

逻辑思维要扎根于公认理论与现实，它要求思考是规范的、有条理的、有依据的。

2．严密性

逻辑思维要求自己的思考结果是经得住理论与现实推敲的，不能脱离理论与现实，必须严格地将思考的每一步都密不透风地扎进理论与现实里。

3．推理性

逻辑思维不同于灵感思维，它是确定的，而不是模棱两可的。人们可以通过运用逻辑思维对事物进行推理判断：一是判断必须对事物有所断定；二是判断总有真假。如果前提是真，那么结论一定是真，是必然性推理；如果前提是真，但不能保证结论是真，则是或然性推理。

练习

甲、乙、丙三个人是好朋友，他们当中一个人下海经商，一个人考上了重点大学，一个人参军了。此外，我们还已知：

- 甲的年龄比士兵大
- 乙的年龄比大学生大
- 丙的年龄和大学生的年龄不一样

这三个人中谁是商人？谁是大学生？谁是士兵？请你运用逻辑思维进行推理。

六、联想思维

思考者由于某种原因打通思路，让各个思路连接起来，将原先未曾有过的相互关联的想法和要素连接到一起，这样的思维活动称为联想思维。出其不意的联想会带来意想不到的结果。

包装厂主管的新对策

有一家包装厂用旧报纸包装瓶子和杯子，以减少运输过程的损坏。让主管没想到的是，员工经常在工作的时候看旧报纸，导致包装的效率严重下降。主管感到十分气愤，但冷静下来后，这名主管由此展开联想：有哪些人是不需要看报纸的？答案是：盲人。

结果，这家公司真的招聘了这类人作为操作工，不仅提高了效率，还彰显了企业的社会责任。

（资料来源：王琼，2016．水平思考：突破创新的思考方式[EB/OL]．https://wenku.baidu.com/view/0d3af71ca7c30c22590102020740be1e650ecc13.html．节选，有改动。）

联想思维一般具有以下基本特征。

1．连续性

联想思维的主要特征是由此及彼，就像一条环环相扣、连绵不断的链条，我们的思路可以是直接的，也可以是闪电般迂回曲折的联想链，而链条的首尾两端往往是毫无关联的。例如：粉笔—课堂—教师—知识—科学家—原子弹—废墟。

2．形象性

联想思维以表象为其基本的思维操作单元，是一幅幅画面，具有形象感。

3．概括性

联想思维通过捕捉思维结果之间的共同点来将它们迅速连接起来，并把连接的结果呈现在思考者的眼前。因此，相对于细节，联想思维更注重把握整体，具有很强的概括性。

练习

请你充分发挥天马行空的想象力，从以下词汇链条中任选一组，将两个不存在关联性的事物联系起来，并描绘出你的思考路线，向大家分享你的思考路线（注：链条中间的词汇无数量限制）。

- 花…(　)…(　)…(　)…雪橇
- 鸟…(　)…(　)…(　)…篮球
- 鱼…(　)…(　)…(　)…太空
- 虫…(　)…(　)…(　)…沙发

活动

挖掘无人车的新功能

所需材料：签字笔、彩色笔、A4 纸。
活动时间：30 分钟。

2019 年，无人驾驶行业进入了竞争的白热化阶段，这项技术从提出到现在已超过 30 年，可很多人对自动驾驶和无人驾驶的概念仍感到困惑。借助以下几个分级概念，可以帮助我们进行深入理解。

- 第一级为辅助驾驶，代表性的产品是我们常见的辅助驾驶功能。例如，前向碰

撞预测、车道偏离检测、交通预测等。

- 第二级为部分自动驾驶。例如，特斯拉的自动巡航功能ACC，可以自动跟前车保持一定的车距和速度。
- 第三级驾驶的代表是奥迪A8。这个级别的汽车可以完成大部分自动驾驶功能。例如，在车道线明显的高速公路上，可以实现自动跟车和换道的功能。

以上三个等级有一个明显的特征，即人是驾驶的主体。然而，近年来在研究领域里的热门话题是真正的无人驾驶。换言之，就是驾驶主体由人切换到机器，人不用再时刻关注路况来控制汽车。在无人驾驶阶段，采用的是多传感器融合技术，在车上安装的传感器包括激光雷达、毫米波雷达、GPS、超声波、红外线等。此外，还有大量的摄像头分布在车的周围。这个阶段的无人驾驶开始进入更高的级别。

- 第四级是在限定的路段、限定的场景下实现无人驾驶。这需要依赖大量的离线高精地图做定位。
- 第五级是全天候、全自动的驾驶，不需要高精地图做指引，随便到任何一个地方，无人车都能准确识别周围的场景并独立完成自动驾驶。

无人驾驶所需要的技术对传感器和计算资源的依赖程度极高，同时需要大量的数据让机器进行学习，所以从以人为主体的自动驾驶到以计算机为主体的无人驾驶，还存在一段发展距离。但我们相信，随着无人驾驶技术的不断创新发展，无人车这一新事物将离我们越来越近，直至成为现实。

（资料来源：佚名，2019．2019年无人驾驶汽车行业现状及发展趋势分析报告[EB/OL]．https://wenku.baidu.com/view/8fe2bfc01611cc7931b765ce05087632301274fc.html．节选，有改动。）

思考

1）请以小组为单位，一起讨论无人车还可以具备哪些新功能？

2）描述你们想象中的无人车应该是什么样子的（画出来或用文字表达）？

3）无人车未来可能存在哪些潜在的利益相关者（或发展机会）？

10分钟后，请每个小组选出一名代表，来谈谈你们小组的想法，每组限时2分钟。

课后案例

IBM的云计算之惑

踏准每一个浪潮，是任何一家科技企业都梦寐以求的事。但在现实中，多数企业的寿命抵不过一次技术发展的周期。《财富》杂志的统计显示，全球“500强”企业的平均寿命为40～50年，跨国公司的平均寿命为11～12年。

1911年，双翼飞机在空中飞行，福特T型车在街道上出现。一家传奇的科技公司也在这一年成立，它就是跨越一个世纪107岁高龄的IBM公司。

在计算机发展历史上，IBM的印记不可磨灭。20世纪50～80年代，IBM在计算机行业独领风骚，领导产业潮流，几乎是“计算机”的代名词，被称为“蓝色巨人”。1982

年，《财富》杂志开始公布世界500强公司的名单，IBM连续4年排名第一。IBM当时如此成功，以致没有人怀疑其未来。然而到20世纪80年代末，IBM却陷入困境。当时，IBM以大型机及其软件为主营业务，这些近乎垄断的业务每年能够创造40亿美元的利润，滋润的日子让IBM误以为计算机产业就此成熟，不会再发生什么剧变。但后来，计算机产业的发展则完全出乎IBM的预料。

20世纪90年代，IBM率先开发了个人计算机，但可惜的是，它并未预见到这种个人计算机成长的潜力，没有预料到这些计算机有一天可以代替IBM具备竞争优势的大型机和微型机。当IBM回过神来时，却没能控制个人计算机最有价值的两个关键部分：操作系统和计算机芯片。操作系统由微软控制，计算机芯片则由英特尔控制。整个20世纪90年代，在兴起的个人计算机浪潮中，IBM看着英特尔、康柏、苹果、惠普、微软等IT公司迅速崛起，而自己只能吞下战略决策失误的苦果。

1993年，IBM亏损额高达数十亿美元，机构臃肿，正面临着被拆分的危险，媒体将其描述为"一只脚已经迈进了坟墓"。也是在这一年，IBM历史上的传奇CEO郭士纳进入公司，开始了为期9年的公司再造。在郭士纳的带领下，IBM进行了大刀阔斧的改革。最终，大象再次跳舞，成为IT服务、硬件、企业软件以及定制设计和高性能计算机芯片行业中的老大。

但好日子没过多久，一场云计算技术浪潮又席卷而来。这场由亚马逊公司从2006年开始掀起的IT新浪潮逐渐成为风暴，对IBM所在的传统IT市场造成了剧烈冲击。按说有了错失个人计算机浪潮的教训，IBM应该反应得更快一些。但可惜的是，直到2013年，IBM才决定在公有云市场加大投入。IBM在2013年以20亿美元收购SoftLayer Technologies，正式进入公有云市场。当时业内普遍认为，IBM要在云计算领域有所作为。但事与愿违，被IBM寄予厚望的超级计算机项目沃森发展并不顺利，未能形成强大的市场竞争力，甚至有科技投资人称"沃森就是一个笑话"。面临新的计算机浪潮，IBM显得有点措手不及，核心产品无法赢得客户，不得不进行裁员自救。但更为残酷的是，IBM似乎进入暮年，公司的营业收入曾创下连续22个季度下滑的可怕纪录。

屋漏偏逢连阴雨。在沃森折戟之后，IBM另外押注的云计算业务从2016年开始也开始掉队。市场研究机构IDC的追踪数据显示，从2016年下半年起到2018年上半年，IBM的增长速度大幅落后行业的整体增长速度，市场份额逐渐下滑。2018年上半年，IBM云计算业务正式被阿里巴巴超越，丢失全球第三的位置。

IBM需要放大招、找出路。2018年10月底，IBM出手了。IBM宣布将以340亿美元收购开源软件厂商红帽公司，希望在混合云市场有所作为。IBM出手阔绰，让人看到了蓝色巨人在云计算市场满满的焦虑。科技行业分析师本·汤普森就此表示：收购红帽的交易最重要的一点就是IBM承认在公有云方面的努力实际上已经失败。

IBM是硬件厂商的一面旗帜，硬件厂商的未来在哪里，该如何转型？整个硬件厂商行业都在看着IBM的一举一动。现在恐怕它给出的是所有硬件厂商不愿意看到的结局——一代硬件厂商的衰败。

硬件厂商做公有云集体沦陷，最主要的原因可能是它们没有搞清楚云计算的本质。云计算的本质其实不是“计算”，而是服务。硬件厂商的骨子里更擅长做硬件、卖设备，它们在“服务”上缺失太多。

随着云计算市场的成熟，留给 IBM 调整的时间并不多了。在这个时间节点上，IBM 需要习惯新生代的崛起，放下身段跟这些厂商学习和竞争。面对不断变化的环境，创新将成为 IBM 的唯一出路。

（资料来源：佚名，2019. IBM 的云计算之惑：时代淘汰你，一句告别也没有[EB/OL]. https://www.sohu.com/a/289916192_115980. 有改动。）

思考

IBM 目前的定位为“全球一流的人工智能解决方案和云平台公司”，请你结合案例中的内容，并上网查询云计算等相关领域的最新资讯，对 IBM 的未来发展方向，大胆地提出你的建议和想法。

课后任务

画出创新型企业的发展历程

创新是企业发展最核心的竞争力。在美国硅谷，苹果以超越传统的思维观念和经营体系，通过构建“持续的、跨界别、跨产业”的复合式创新体系，成为当今全球市值最大的企业。海尔集团从一个艰难起步的冰箱工厂发展成为世界上最大的家电制造商，离不开其管理模式所带来的创新领导力。宝洁公司对创新人才的激励机制成为人力资源管理的经典，同时也是宝洁公司能够传承百年的重要因素之一。当然，也有的企业，其创新之路并非一帆风顺。例如，曾经掀起共享经济浪潮的 ofo 小黄车，虽然提出了创新的经营模式，但在管理、资本等方面却不及格，如今一步步走向衰败。

创新型企业都有其独特的发展轨迹，或一帆风顺，或一路坎坷。下面请以小组为单位，选择一家创新型企业，在一张 A4 纸上用思维导图整理出它的发展历程，特别注意要列出企业创新的关键节点。

学习提升

1. 为什么要锻炼创新思维？
2. 如何培养创新思维？
3. 如何克服创新思维的障碍？

本章小结

本章主要介绍了创新思维的概念、创新思维的类型两大部分内容。第一部分介绍了创新思维的定义、特性及创新思维障碍的相关内容。第二部分介绍了发散思维、聚合思维、联想思维、直觉思维、灵感思维和逻辑思维六大类型的相关概念及特征。最后，通过课后练习和相关案例，让大学生更加直观地学习创新思维的相关内容。

本章的重点是掌握不同类型的创新思维，难点是学会克服创新思维的障碍。

第四章

创造技法——夜空中最亮的星

学习目标

1. 了解创造技法的定义和特性。
2. 了解九个常用的创造技法，并掌握其实施步骤。
3. 学会运用创造技法进行创新。

导入案例

拍立得相机的发明

外形好看又能马上打印照片的拍立得相机是女生们的最爱，可你是否知道，拍立得相机其实是美国工程师埃德温·赫伯特·兰德（Edwin Herbert Land）特意为女儿发明的爱心礼物。

1937年，兰德创办了宝丽来公司，专门生产太阳镜和偏光滤镜。兰德有一个幸福美满的家庭，他的小女儿尤其活泼可爱，而且非常热爱大自然，兰德经常带她去公园玩。

1947年的一天，小女儿想让爸爸给自己拍些照片。兰德像往常一样带上照相机，牵着小女儿的手来到公园。小女儿在公园里跑来跑去，一个个生动美妙的瞬间被摄入了那个对小女儿来说有些神秘的黑匣子。跟所有孩子一样，兰德的小女儿也是个性急的小孩，她急切地想要立刻拿到有自己影像的照片："爸爸，我要等多长时间才能拿到照片呢？有没有一拍完就能出照片的照相机呢？"

小女儿的话触动了兰德。当时还没有数码相机，人们还在使用胶片，洗印设备极其笨重，很难搬运。出于对小女儿的爱，兰德回到家就着手研制小女儿提出的可以立即冲洗出照片的照相机。

不久，他就想到了一个办法，采用反转转印法，即在白色片基上涂一层感光膜充当正片，并使它与曝了光的负片贴在一起，又在两种胶片之间的夹层里加入黏液试剂。这样，正负片的背面均不透光，数秒钟后，正片冲洗完毕，可以与负片分离。

半年后，世界上第一架拍摄、冲洗一次完成的照相机——拍立得相机研制成功了，拍完照片后，一分钟内就能马上得到照片。这种相机投入市场后，受到了人们的热烈欢迎，使宝丽来公司的销售额在以后的十年中增长了数十倍。

（资料来源：佚名，2016．爱心拍立得[J]．发明与创新（小学）（8）：17．节选，有改动。）

◆思考◆

当时的照相机不能满足小女儿的需求，兰德通过发现不足之处，经过努力后发明了拍立得。你是否能从实际生活中找到一些带有缺陷的事物，对其提出改进方案呢？

第一节　创造技法的概念

一、创造技法的定义

创造技法是对创新思维的内在发展规律加以总结归纳后形成的有助于人们培养创造思维的技巧和方法。研究人员在收集大量成功的创造与创新案例后，对其获得成功的思路和过程进行深入研究，并经过分析和归纳，总结出规律和方法供人们学习、借鉴和效仿。

二、创造技法的特性

1．可操作性

可操作性是指人们能够熟练掌握创造理论及其规律，并能够加以具体运用的结果。

2．技巧性

技巧是一种和学习训练有关的活动。简单而言，技巧是指技能的熟练化。技巧不但可以从学习中获得，而且可以通过不断的练习而熟练提升。

3．概略性

概略性是指创造技法的运用会因人、因地、因事而异，所以它的运用可能无法完全成功和有效。

4．多样性

多样性是指不同的创造领域、不同的创造阶段、不同类型的创造问题、不同的使用者，都应有相应的创造技法。

第二节　常用的创造技法

法国著名生理学家克劳德·伯纳德（Claud Bernard）曾说，良好的方法能使我们更好地发挥和运用天赋和才能，而拙劣的方法可能阻碍我们天赋和才能的发挥。因此，难能可贵的创造性才华，会因人们运用了拙劣的方法而被限制发挥，甚至被扼杀；然而，运用良好的方法则会促进这种才华的发挥和运用。

图 4.1 为九种常用的创造技法。

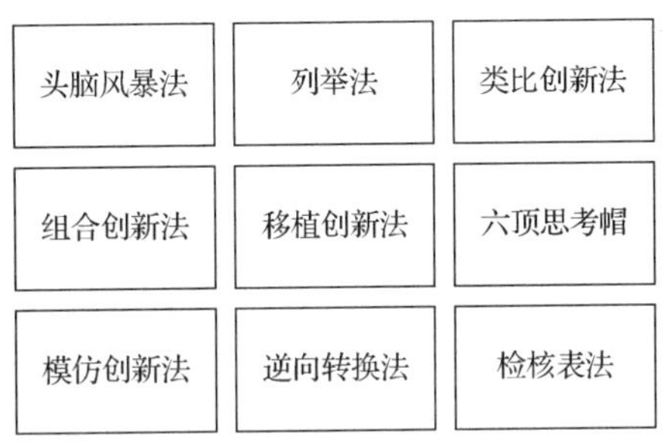

图 4.1　九种常用的创造技法

一、头脑风暴法

头脑风暴法（brain storming），又称为智力激励法，指的是一种激发思维的方法，目的是通过小型会议的组织形式，让所有参加者无限制地自由联想和讨论，以此来产生新的观念和激发创新设想。

“头脑风暴”一词，最早是精神病理学用语，指的是精神病患者头脑的错乱状态，发病时无视他人的存在，随心所欲。打破固化思维，期望构想能够无拘无束地涌现正是头脑风暴法的精髓所在。

在使用头脑风暴法时，必须遵守以下实施原则。

1）禁止批评。所有提出来的设想都不允许马上进行评价，禁止挖苦和表现出相关的肢体语言。当然，发言人的自我批评也包括在禁止之列。

2）追求数量。会议的目标是尽可能获得更多的设想，追求更多不同观点的创意是会议的首要目的。

3）自由思考。允许异想天开的意见，设想看起来越是荒诞就越有价值。参与者不受任何条条框框的限制，从不同角度大胆展开想象，尽可能标新立异地提出独创性的想法。

4）独立思考。参与者要保持自我独立思考，不要进行私下交谈，以免干扰别人的思维。

5）对设想进行组合和不断改进。除了参与者本人提出的设想之外，参与者还可以进行不同设想之间的组合，并对他人的设想提出改进建议。

6）参与者一律平等。要将每一位参与者的各种设想全部记录下来。

按照这样一种实施原则，参与者都能积极提出自己的观点和看法。在开展头脑风暴会议的过程中，一般可以按照图 4.2 所示的流程来实施。

会前准备阶段	确定主题
	组织人员
	安排会议
会议实施阶段	宣布主题
	头脑风暴
	结束讨论
评价选择阶段	分类整理
	评价选择

图 4.2　头脑风暴会议的实施流程

1．会前准备阶段

1）确定主题，即准确定位本次会议所讨论的问题。
2）确定会议主持人、记录员及与会人员，参加人数以 5～10 人为宜。
3）确定会议地点、日期及具体的会议流程安排。

2．会议实施阶段

1）主持人需要积极调动并引导与会人员进行自由联想和讨论。
2）每个参与者依次提出建议，循环进行。
3）每人每次只提一个建议，力求简明扼要地表达设想。
4）自由畅谈阶段的时间可由主持人灵活掌握，一般以不超过 1 小时为宜。

通过此阶段，人们对所要解决的问题大都会提出 30 条以上的设想，由此可转入评价选择阶段的工作。

3．评价选择阶段

头脑风暴结束后，主持人应组织专人对各种设想进行分类整理，并交给决策者进行评价和选择。

头脑风暴法可以形成自由探讨、相互激励的会议氛围，但会议程序并非一成不变，可根据问题性质和实际条件加以变化和灵活运用。头脑风暴法是一种令人愉悦的活动，通常被参与者欣然接受，它适合运用于广告创意、营销方法等相对比较简单的问题。对于复杂问题，运用此法可能无法立即想出解决方案，但可能会引出解决方案的方向。

拓展

头脑风暴的由来

美国 BBDO 广告公司的创始人亚历克斯·奥斯本（Alex Osborn）是“头脑风暴”理论的创立者，他也被称为创新技法和创新过程之父。BBDO 广告公司是世界排名第一的广告公司，我们熟悉的奔驰、KFC、百事、OPPO、士力架、绿箭等众多品牌都是它的客户。

一次，BBDO 广告公司的工作人员在创作广告时遇到了瓶颈，有些创意思维到达一定的高度便无法继续落实。这时，奥斯本发明出一种全新的“开会讨论模式”，这便是头脑风暴法的雏形。当创新出现困难时，靠几名设计师已经无法产出更有力量的创意，奥斯本让公司的全体员工，甚至包括清洁工，一起到会议室进行“头脑风暴”，每个人都可以随心所欲地讲出自己的想法，通过众人智慧的碰撞，发掘奇特且震撼人心的广告创意。

这就是 BBDO 广告公司的“头脑风暴”工作模式。此后，头脑风暴法迅速在企业界、教育界、政界产生了巨大影响。

（资料来源：舒大克，2018.“头脑风暴”变茶话会？那是因为你根本不懂“头脑风暴”[EB/OL]. https://www.digitaling.com/articles/60941.html. 有改动。）

练习

小昊是刚进入大学校园的一名大学一年级新生，周围的新鲜事物让他感到十分好奇，他也希望通过一些方式能够在四年的大学时光中提升自己。下面，由你们作为小昊的师兄师姐，为他未来的大学生活提供几点建议，请以小组的形式，按照以上头脑风暴法的实施流程，开展一场头脑风暴会议，限时 5 分钟。

统计一下，哪个小组在有限的时间内，能够为小昊提供更多的选择方向。

二、列举法

列举法是最常用、最基本的一种创造技法，是将研究对象的某方面特性，如属性、优点、缺点、希望点等一一罗列出来，并对它们进行分析研究，然后针对所列出的特性和分析结果一一提出改进方法的创造技法。

列举法主要有四种：属性列举法、优点列举法、缺点列举法和希望点列举法。

1．属性列举法

我们按事物属性对研究对象的某方面属性进行列举，当达到一定程度后，按“内容重复的合并、互相矛盾的协调统一”原则进行整理，然后提出问题，再从结构、材料、功能等方面进行改进。以改良杯子为例，使用属性列举法把水杯的构造和性能等全部列出来，如陶瓷、手柄、隔热等，再对这些属性进行一一检查，并思考改进方案，这样将有机会引出新的构想和创意。

一般来说，我们可以从以下三个方面进行属性列举。

1）名词特性：整体、部分、材料、制造方法等。

2）形容词特性：颜色、形状、感觉、性质、状态等。

3）动词特性：功能、作用等。

2．优点列举法

优点列举法需要逐一列出研究对象的优点，明确自身或竞争对手的竞争优势，从而扬长避短，有选择地进行借鉴。

3．缺点列举法

缺点列举法，即运用“吹毛求疵”的精神，尽力发掘事物的缺点，并将其一一列举出来，然后对这些缺点进行归类、分析，以找出改进的方法。例如，穿着普通鞋子在泥泞的路上行走很容易摔倒，这是因为鞋底花纹太浅，泥土陷在花纹缝里，使防滑度大大降低，针对这个缺点，某鞋厂将鞋底花纹改成一个个小圆柱，新的防滑设计就这样诞生了。

4．希望点列举法

希望点列举法是指把人们对某个事物的要求，如“希望”“如果是那样就好了”之类的想法列举出来，聚合成焦点来加以思考，在此过程中产生新的观念和新的想法，从而实现创新。例如，人们希望计算机方便携带，于是就发明了笔记本式计算机和平板电脑。

拓展

对新款钢笔的希望

有一家制笔公司用希望点列举法，罗列了一系列改革钢笔的希望点，如希望钢笔出水顺利、希望绝对不漏水、希望一支笔可以写出两种以上的颜色、希望不弄污纸面、希望书写流利、希望能粗能细、希望小型化、希望笔尖不开裂、希望不用打墨水、希望省去笔套、希望落地时不损坏笔尖……

最终，这家制笔公司从中选出“希望省去笔套”这一条，研制出一种像圆珠笔一样可以伸缩的新款钢笔，既能省去笔套，又独具新意。

（资料来源：佚名，2017．希望点列举法[EB/OL]．http://www.docin.com/p-2036457325.html．节选，有改动。）

希望点列举法的实施步骤如下。

1）确定主题。

2）列举主题的特征（属性、优点、缺点、希望点）。

3）选择需要改变的方面。

4）考虑改善的方法。

练习

饮食是我们日常生活中十分重要的一部分，请以小组的形式，运用希望点列举法，一起探讨关于学校食堂改进的方向，限时 10 分钟。请尽可能多地列举出你们的希望点。

三、类比创新法

类比创新法是指通过一类事物所具有的某种属性而推测出与其类似的事物也可能具有这种属性的创造技法。类比的方法有很多，这里仅介绍直接类比法和间接类比法。

1. 直接类比法

直接类比法是指从自然界或已有的成果中发现与创新对象类似的事物，将创新对象和与它相类似的事物直接进行比较，以启发产生新设想的一种创造技法。

通过直接类比创造人工牛黄

天然牛黄是牛的胆囊中形成的一种胆结石，非常珍贵。一家医药公司的员工提出一个想法，既然河蚌经过人工放入异物就能在体内孕育出珍珠，那么采用直接类比法，通过人工把异物放进牛的胆囊里是否也能培育出牛黄呢？后来，这家公司沿着这一思路不断尝试，终于成功地培育出了人工牛黄。

（资料来源：佚名，2019. 创新思维与技法案例库[EB/OL]. https://wenku.baidu.com/view/0e8da253f71fb7360b4c2e3f5727a5e9856a27a0.html. 节选，有改动。）

2. 间接类比法

间接类比法就是用非同类但相似的产品进行类比，以产生创新的设想。在现实生活中，有些创新对象缺乏可以比较的同类对象，这时间接类比法就不失为一个好的选择。

通过间接类比发明响尾蛇式导弹

在北美洲的沙漠上生活着一种剧毒响尾蛇。这种蛇的两只眼睛虽然已经退化，但它们的眼睛有极强的特殊探热功能，正是这种探热功能代替蛇的眼睛执行着视觉功能。科学家由此受到启发，通过间接类比发明了空对空的响尾蛇式导弹。

类比创新法的实施步骤如下。

1）确定主题。

2）找同类事物或相似事物。

3）对预测目标事物加以对比分析。

4）优化方案。

四、组合创新法

组合创新法就是将已知的两个或两个以上的事物合并成一个新的事物，使其在性能和服务功能等方面发生变化，产生新价值的创造技法。

创新后的组合应符合以下两个特征。

1）由不同的技术因素构成的具有统一结构与功能的整体。

2）组合物应具有新颖性、独特性和价值性。

组合创新法主要有主体附加法、异物组合法、同类组合法。

1. 主体附加法

主体附加法是以原有物质产品或技术思想为基础，在不改变或略微改变主体的情况下，添加一种新的产品或技术思想，来使主题的性能、功能变得更好的创造过程。例如，按摩椅的发明就是采用了主体附加法，略微改变椅子的形状，再添加按摩的功能，就创造出了按摩椅。

2. 异物组合法

异物组合法是将两种或两种以上的技术思想或具有不同功能的物质产品进行组合，以产生新的思想、新的概念、新的技术或新的产品的方法。例如，将木板和滑轮两种不同功能的产品进行组合创造出滑板。

3. 同类组合法

同类组合法是指两种或两种以上相同或相近事物的组合，在保持事物原有功能或意义的前提下，通过数量的变化来弥补功能上的不足或得到新的功能的方法。与组合前相比，参与组合的对象的基本性质和结构都没有根本变化。例如，将不同的酒混合在一起，就可以调制成鸡尾酒。

练习

组合创新法在实际生活中的运用十分常见。例如，房子+车子=房车，运用的就是主体附加法，使房子和车子都实现了更大的价值。

接下来请以小组的形式，在 8 分钟内列举现实中应用了组合创新法的案例，三种方法各列举一个。

五、移植创新法

移植创新法是指为创造新事物，而把某一领域的原理、结构、方法、材料、模式等移植到新领域中的创造技法。它往往从以下两个角度进行创新：①从现有的成果出发去寻找新的载体；②从问题出发去寻找其他现有成果来解决问题。

移植创新法可从以下几个方面入手。

1．原理移植

原理移植是指为创造新的技术产物，将某种科学原理向新的研究领域推广和外延。例如，洁手粉笔套的发明就是运用了唇膏筒的原理，用减震固定层作为填补内胆，以柔克刚，防止粉笔折断，而粉笔的长短可以用螺旋调节，这样手只需触碰笔套，很好地解决了粉笔灰沾手的问题。

2．方法移植

方法移植是指将某一领域的技术方法有意识地移植到另一领域而形成新的创造的方法。例如，美国俄勒冈州立大学的威廉•德尔曼（William Delman）将带有一排凹凸不平的小方块铁板烤制饼干的方法移植到运动鞋底的制作上，生产出风靡世界的运动鞋。

3．结构移植

结构移植是指将某种事物的结构形式或结构特征往另一事物移植，以创造新技术产物的方法。例如，依据茅草边缘的细齿形状发明了锯子；借鉴乌贼喷水快速推进的结构方式设计出喷水式推进器等，都是把一个领域的结构移植到另一领域而创造出的新事物。

4．材料移植

材料移植是指将某种产品使用的材料移植到别的产品制作上的一种创造技法，其目的是更新产品、改善性能、节约材料、降低成本等。例如，将防水材料移植到鞋子上就发明了雨鞋。

5．功能移植

功能移植是指将某事物的功能移植到其他事物上的一种创造技法。例如，将相机的拍照功能移植到手机上就发明了可拍照的手机。

6．技术移植

技术移植是指把某种技术直接应用到其他领域，使其性能得到提升的方法。例如，将发泡技术移植到橡胶生产技术中，发明出橡胶海绵及其生产工艺。

练习

家用的普通晒衣架一般比较大，不便于旅游者使用。请以小组的形式，在 8 分钟内完成以下两项讨论。

1）列举出目前市面上已有的折叠型晒衣架产品。

2）采用移植创新法，提出一个折叠式晒衣架的发明构想。

六、六顶思考帽

六顶思考帽是法国学者爱德华·德·博诺（Edward de Bono）开发的一种“平行思维”的工具，是一种用六种不同颜色的帽子来代表六种不同思维模式的创造技法。运用六顶思考帽的方法，将会使一团乱麻般的思维变得清晰，使团队中无意义的争论变成集思广益的创造，使每个人都富有创造性，提高团队的思考和决策效率。表 4.1 为六顶思考帽简介。

表 4.1　六顶思考帽简介

步骤	思考帽颜色	象征	扮演角色
1	白色	中立而客观的，代表信息、事实和数据	陈述问题和事实
2	绿色	充满生机，代表创意和产生新想法，帮助寻求新方案和备选方案	提出如何解决问题的建议
3	黄色	阳光、乐观，代表事物积极的一面	列举优点
4	黑色	谨慎、批评以及对风险的评估	列举缺点
5	红色	热烈的情绪，预感、直觉和印象	对备选方案进行直觉判断
6	蓝色	天空的颜色，有纵观全局的气概	总结陈述，得出方案

拓展

一场精彩的六顶思考帽会议

几年前，一家诞生没多久的互联网家电企业由于砍掉了传统销售渠道等中间环节，将一款款设计精良、性能优异的“爆品”通过线上进行销售。在很短的时间内，领先同行夺得市场第一份额。但不久之后，一些市场问题突显出来：销量下滑、投诉增加，甚至很多地方开始出现假货、仿冒品。

公司总结最大的原因是，缺乏线下体验和线下购买方式的多样化，这也是目前困扰公司的最大问题。于是，战略决策部门组织公司骨干一起商量对策，开始了一场六顶思考帽的战略讨论。

【会议过程】

蓝帽

设定讨论的议题：是否开设线下销售和线下体验服务来解决投诉问题？

白帽

1）一个月内，“A”产品在线销量下滑了 40%。

2）在投诉量的统计上：线上、线下投诉的占比分别是 35%和 65%。

3）线下投诉的 70%是中老年人，绝大多数原因是功能使用不当。

4）客服电话接到投诉最多的两个问题是：①线上“抢”不到产品；②线下被骗而买到假货。

5）多家自媒体在各大视频网站有视频指责公司搞“饥饿营销”。

6）广东省某一用户在当地数码市场买到假货，充电时短路造成重大损失。

绿帽

1）储备一部分货源在原有城市服务网点销售（不增加额外租金成本）。

2）要求购买产品实名制，一张身份证只可购买一件产品（防止市场炒作行为）。

3）每一个服务网点增设若干产品体验师，专职指导用户使用产品（提升用户体验）。

黄帽

1）开设线下销售可以满足一部分不会使用在线购买的中老年用户的需求。

2）开设线下销售可以向客户推荐配件或其他产品，提高客单价和提升毛利。

3）有了线下体验环节，线下顾问可以协助用户指导客户使用产品，避免使用不当造成的客户投诉。

4）线下终端和门店可以帮助客户进行免费验货、免费维护和保养，提升用户体验。

5）开设线下销售可以提高企业形象和影响力，提高口碑。

黑帽

1）开设线下商店，租金成本、运营成本将大大增加。

2）人力资源储备不够，一下子招募不到足够的人来满足线下销售和体验支持。

3）公司定位是互联网公司，大规模开设线下渠道销售担心与公司定位矛盾。

4）线下渠道投资增加，最终成本转嫁到价格，用户利益将严重受损，与经营理念不符合。

5）进一步开放线下销售，可能会使黄牛更加猖獗。

红帽

开设线下销售服务增加了销售渠道，有利于提高公司整体销量和利润，同时有利于公司形象的提升。

蓝帽

经过六项思考帽的思考方式决定如下。

1）在原有数百家服务网点开通部分产品线下销售，满足部分客户需求。

2）用户凭身份证限购，严格管理，防止黄牛炒货。

3）服务网点员工全员定期进行产品培训，以轮岗的形式服务每一位客户体验。

该公司通过线上销售、线下服务的O2O模式，满足了不同用户群体。在不增加运营成本的前提下，用已有的直营与授权服务网点部分开放销售，增加客户体验师的投入和培养，大大提高了用户满意度，原来困扰大家的客户投诉问题也得到了缓解。

（资料来源：德博诺，2016. 互联网家电企业的案例分析：六项思考帽的组合应用[EB/OL]. http://www.xuehu365.com/Article/ArticleInfo/436. 节选，有改动。）

练习

学完六项思考帽法的相关知识，接下来请以随机6人小组的形式开展一次六项思考帽讨论会议，限时 15 分钟，需要完成以下任务。

1）由小组内部自由分配扮演角色，“戴”上不同颜色的思考帽。

2）先由白色思考帽的扮演者提出生活、学习中所遇到的一个问题。

3）按照“绿→黄→黑→红”的顺序依次发表观点和看法，注意发言的内容要符合角色的身份特点。

4）最后，由蓝色思考帽的扮演者上台进行总结陈述，告诉大家你们小组对于所提问题的解决方案。

七、模仿创新法

模仿创新法是人们通过模拟和仿制已有、已知的事物，创造出与其相类似的未知事物的创造技法。

从模仿的创造性程度而言，可分为机械式模仿、灵感式模仿和突破式模仿三种类型。

1．机械式模仿

机械式模仿是指把别人成功的经验和先进的生产方式直接吸收过来，基本不含原创内容。例如，模仿对手的营销方式、产品形态等，试图抢夺竞争对手的市场份额。

2．灵感式模仿

灵感式模仿是指创新对象与模仿对象两者之间不是同类事物，但从模仿对象中获得灵感为完成创造提供帮助。例如，复式住宅结构的灵感就来自双层公共汽车。

3．突破式模仿

突破式模仿是指进行模仿的主体发生了质的变化，将其他事物转化成自己的东西，这往往是一个全新的创造。例如，QQ 当年就是模仿国外的一款即时通信软件 ICQ，但经过发展实现了新的突破，具备了更加丰富的功能，成为亿万网民的重要通信工具。

在模仿中形成企业成功的关键因素

模仿有助于产生创造性思想，但有时可能会不慎进入另一个极端——一味地模仿乃至抄袭。一些只懂得“模仿”的企业仿佛完全失去自主思考的“大脑”，长期停留在被模仿企业的阴影里，举步维艰。只有这些被模仿的企业实现突破才能跟着前进，而自身却没有任何能力去进行弯道超车。这也是市场竞争中，相类似的企业经常陷入焦灼而低劣的价格战、广告战、渠道战的原因。低劣的模仿是山寨，而真正有效的模仿要求在原创优秀者的基础上做到更完善、更细分、更实用。真正的模仿需要模仿者理解“为什么模仿”，需要看到模仿的本质，而不仅仅是表象。

在模仿的同时，还要将模仿的本质转化为自身成功的关键因素。企业成功的关键因素是指一个组织在特定市场获得盈利必须拥有的技能和资产。确认企业成功的关键因素应考虑以下三个方面：一是顾客在各竞争品牌之间进行选择的基础是什么；二是取得竞争成功需要什么样的资源和竞争能力；三是持续发展的竞争优势必须采取什么样的措施。不同的企业有不同的成功关键因素，即使是同一产业中的竞争对手，也可能对成功关键因素有着不同的侧重。因此，企业不能一味地进行模仿，还要在模仿中形成自身的成功关键因素，这才是后期超越竞争对手、实现创新的关键。

八、逆向转换法

逆向转换法是指对事物或方法进行方向、过程、功能、原因、结果、优缺点、矛盾双方等方面的逆转，以此来解决新问题、产生新事物或新方法的创造技法。

常用的逆向转换法有以下四种。

1. 原理逆向

原理逆向是指从事物原理的相反方向进行的思考。1819 年，丹麦物理学家汉斯 • 克里斯蒂安 • 奥斯特（Hans Christian Oersted）发现通电导体可使磁针转动的磁效应；1820 年，英国物理学家迈克尔 • 法拉第（Michael Faraday）从这一原理展开逆向思考：既然电能生磁，那么用磁是否又能产生电呢？在法拉第不懈的努力下，终于在 1831 年发现了电磁感应现象，并由此发明了世界第一台发电机。

2. 功能逆向

功能逆向是指按事物或产品现有的功能进行相反的思考。例如，爱迪生就是通过逆向电话的功能，发明了留声机。

3. 过程逆向

过程逆向是指对事物发展过程进行反向思考。例如，在司马光砸缸的故事中，当小孩掉进水缸里，传统的施救过程就是把人从水中救起，而司马光的救人过程却相反，通过打破水缸来救人。

4. 因果逆向

因果逆向是指原因结果之间相互反转，由果到因。例如，在数学运算中从结果倒推已知条件，可以检查整个运算过程是否正确。

九、检核表法

检核表法是由亚历克斯 • 奥斯本提出的一种创新方法。运用检核表法，根据实际需要解决的问题或者需要创新的对象，以表格的形式列出九大方面的相关问题，然后逐一审核讨论、研究，促进创新活动的深入进行。

检核表法适用于大部分领域的创新，它包含九大方面，如表 4.2 所示。

表 4.2　检核表法简介

检核项目	释义
能否他用	考虑现有的事物（包括材料、方法、原理等）还有没有新的用途，或者稍加改造后就可以扩大它们的用途。例如，拉链的功能成功应用于钱包和衣服而获得成功
能否借用	考虑现有的事物能否借鉴、移植别的思路与技术，能否模仿别的事物；现有的发明创新能否引入其他方面的创造性思想。例如，电灯在开始时只用来照明，后来通过改进光线的波长，发明了紫外线灯、红外线加热灯、灭菌灯等
能否改变	考虑现有的事物能否做适当的变化，可改变功能、颜色、形状、味道、声响、型号等。例如，iPhone11 系列推出新的暗夜绿配色，变得更加吸引眼球
能否扩大	考虑现有的事物能否扩大、增加一些东西，如增加寿命、长度、价值、强度、速度、数量等。例如，牙膏加上中药成分，成为有保健作用的中药牙膏
能否缩小	考虑现有的事物能否缩小、取消某些东西，使之变小、变薄、变轻、压缩、分开等。这是与扩大相反的创造途径。例如，从 20 世纪的大哥大到如今的智能手机，从第一台巨型计算机 ENIAC 到现在的笔记本式计算机、平板电脑，都是不断缩小的过程
能否替代	考虑现有的事物有无替代用品，有无其他原理、能源、材料、元件、工艺、动力、方法、符号、声音等来代替现有的事物。例如，瓶盖里面过去是用橡胶垫片，后来改为低发泡塑料垫片，这样极大地减少了橡胶的使用
能否调整	考虑现有的事物能否做适当调整，如改变布局、改变型号、调整计划、调整规格等。例如，飞机诞生初期，螺旋桨装在飞机头部，后来安装到顶部就成了直升机
能否颠倒	考虑现有的事物能否从相反的角度重新考虑，能否正反颠倒、上下颠倒、头尾颠倒、主次颠倒、位置颠倒、作用颠倒等。例如，美国奥尔布赖艺术馆举办了一次劣品展览，把质量差、造型丑的产品摆满了展厅，结果反而引起了人们极大的兴趣，参观者络绎不绝
能否组合	考虑现有的事物能否重新组合，如原理组合、方案组合、材料组合、部件组合、形状组合、功能组合、目的组合等。例如，把几种金属分别组合在一起成为几种功能、性能不同的合金

练习

运用检核表法，可以帮助我们从九大方向进行创新。下面请以小组为单位，以“改造电风扇”为主题，从检核表的九个问题出发进行思考，看看哪个小组能够创造出更多的新型电风扇，并将你们的创意记录在下面的检核表（表 4.3）中。

表 4.3　检核表

检核项目	释义
能否他用	
能否借用	

续表

检核项目	释义
能否改变	
能否扩大	
能否缩小	
能否替代	
能否调整	
能否颠倒	
能否组合	

拓展

和田十二法

我国学者许立言、张福奎在奥斯本检核表法的基础上，借用其基本原理，提出了一种新技法——和田十二法。它既是对检核表法的一种继承，又是一种大胆的创新。

人们在观察、认识一个事物时，可运用和田十二法，考虑是否可以进行以下操作。

1）加一加：加高、加厚、加多和组合等。

2）减一减：减轻、减少和省略等。

3）扩一扩：放大、扩大和提高功效等。

4）变一变：变形状、颜色、气味、音响和次序等。

5）改一改：改缺点、改不便、改正不足之处等。

6）缩一缩：压缩、缩小、微型化等。

7）联一联：原因和结果有何联系，把某些东西联系起来等。

8）学一学：模仿形状、结构和方法，学习先进。

9）代一代：用别的材料代替，用别的方法代替。

10）搬一搬：移作他用。

11）反一反：能否颠倒一下。

12）定一定：制定一个界限、标准，能提高工作效率。

（资料来源：佚名．和田十二法[EB/OL]．https://baike.baidu.com/item/%E5%92%8C%E7%94%B0%E5 %8D%81 %E4%BA%8C %E6%B3%95/10915813?fr=Aladdin. 节选，略有改动。）

活动

运用创造技法改造保温杯

所需材料：彩色笔、A4 纸。

活动时间：20 分钟。

具体步骤如下。

1）请以小组的形式，将保温杯作为对象，在本章学习的九种创造技法中，任选其中四种创造技法，对保温杯进行创新改造，提出至少四种不同的新型保温杯概念。（时间：10 分钟）

2）每组推选一名学生上台说出你们的创意，看看哪个小组的想法最具有创意，能够使保温杯发挥更大的价值和作用。（时间：每组 2 分钟）

课后案例

景田百岁山的崛起

近几年，国内的饮用水行业发展备受人们的关注。从最初的统一、娃哈哈、康师傅、怡宝、冰露等瓶装水巨头，再到后来“有点甜”的农夫山泉，以及在各大综艺节目和广告中随处可见的景田百岁山，多家生产商都在极力争夺市场份额。目前，以农夫山泉、怡宝、景田百岁山为首的三大瓶装水巨头，已经占据国内饮用水行业的半壁江山。

仔细回想可以发现，在前几年，百岁山的知名度其实并不如娃哈哈、康师傅高，但这个品牌却在短短数年内，实现了行业排名的“三级跳”。无论是可口可乐旗下的冰露，还是老牌的矿泉水巨头娃哈哈、康师傅，都纷纷被百岁山所超越。更让人惊讶的是，景田百岁山天然饮用矿泉水，其实已经连续九年稳坐国内矿泉水市场的头把交椅。作为“水中贵族”的景田百岁山，在这份荣光的背后，到底隐藏着什么秘密呢？其中最主要的原因是，景田百岁山所塑造的创新“贵族”品牌理念，主要体现在以下几个方面。

（1）敢为人先，首创平肩设计

贵族往往代表着时代最高的学识和眼界，擅长以勇气打破规则。百岁山的瓶身设计打破传统斜肩概念，以优雅的平肩设计展示现代设计理念，垂直的瓶身搭配柔和的线条，优美且充满现代感，四条流线沟槽象征着百岁山在地下岩层缝隙中的流动，透亮的瓶身在光线的折射下仿佛水流涌动。百岁山水瓶造型的创新就是一次革命，一经面市惊为天

人，在国内外拥有注册专利数百项，并荣获“中国国际饮料节包装设计金奖”，成为世界水行业的经典设计。时至今日这样一个注意力经济的时代，百岁山水瓶的颜值依然在线，在货架上“吸睛无数”。

（2）兼济天下，弘扬水文化

贵族从来不缺宽厚的爱心和悲悯的情怀，承担社会与国家的责任是应有之意。百岁山在企业社会责任感这一点上持续多年，并通过各种创新活动来进行具体呈现。例如，通过开展常态的消费者基地探源活动，促进消费者认识水文化、挖掘水文化、弘扬水文化，增强全社会的爱水、亲水、节约水、保护水的意识。此外，2013 年景田百岁山成立了百岁山公益基金会，专款用于环境保护及环境教育。面对各种严重的天灾人祸，百岁山也会在第一时间进行响应，为灾区捐资捐水。

（3）严于律己，爱惜羽毛

贵族基于强烈的荣誉感和使命感，严格遵守社会大小准则，接受社会的监督，因为自律所以自信。百岁山同样不负众望，二十多年来严格品控，自始至终珍惜口碑。产品质量不仅符合国内严格的标准，也经得住世界标准的检验。截至 2018 年，“百岁山天然饮用矿泉水”已连续 9 年稳坐国内天然矿泉水市场头把交椅，且出口量蝉联饮用水行业第一。产品出口美国、俄罗斯、加拿大等多个国家，通过了各级机构及政府的检测，符合世界卫生组织及各国矿泉水饮用标准，真正达到了让消费者放心的贵族品质。

（资料来源：北京富华创新科技发展有限责任公司，2018. 砥砺前行，成就贵族，百岁山水中贵族之路[EB/OL]. https://baijiahao.baidu.com/s?id=1604243903315690623&wfr=spider&for=pc. 略有改动。）

思考

试从创新的角度来分析景田百岁山获得成功的原因。

课后任务

出具智能手机测评报告

在当今时代，智能手机已经成为我们生活的一部分，请各小组选择任一品牌的某款手机，针对它的功能、外观及市场推广和销售情况，展开一次头脑风暴，共同形成一份完整的手机测评报告。

请注意，在报告中需要对该款手机进行完整的产品介绍，对其市场表现情况进行详细说明，还要对该款手机与竞争对手进行横向对比，与前代产品进行纵向对比，列举出它的创新点，发掘其不足之处，并提出改进方案。

学习提升

1. 为什么要学习创造技法？
2. 如何掌握创造技法？
3. 创造技法之间的异同有哪些？

4．如何更好地运用创造技法？

5．还能找到其他创造技法吗？

本章小结

本章主要学习了头脑风暴法、列举法、类比创新法、组合创新法、移植创新法、六顶思考帽、模仿创新法、逆向转换法及检核表法这九种常用的创造技法，要求大家熟练掌握各创造技法的定义、特性、步骤等内容。

本章的重点是掌握九种创造技法的使用方法，难点是学会运用创造技法在日常的学习和生活中进行创新。

第五章

问题探索——外面的世界很精彩

学习目标

1. 了解问题探索与原型制作的相关概念。
2. 掌握问题探索的四个工具及其相互之间的联系。
3. 理解原型制作的重要性。
4. 了解不同产品原型的特点。
5. 掌握产品原型的制作方法。

导入案例

大数据收集与分析公司 Palantir 的诞生

以前，美国机场的安检一直都比较宽松。随着“9•11”事件的爆发，美国政府逐步加强了对机场的安检，对每一位进入机场的人员都进行严格的搜身排查，登机者只要有一点异常都将被拒之门外。

然而，苛刻的安检也大大降低了人们的登机效率，美国在线支付服务商 PayPal 的创始人彼得 • 蒂尔有一次就因为这样的安检而延误了登机。但对于这次误机，他并没有怨声载道，而是进行了深入思考：Paypal 一直深受欺诈问题的困扰，能不能让 PayPal 具备机场安检一样的功能，及时识别网络上的欺诈信息，从而防止不法分子利用 PayPal 洗钱呢？

这次经历给蒂尔带来了灵感，他开始带领团队开发一套软件来应对可疑资金的转移，并组织分析师对筛选出来的交易进行逐一排查。但随着用户交易量的剧增，人工排查逐渐无法应付犯罪分子不断变化的手段。于是，工程师们对当时的工具进行了升级，使得这套工具可以通过对用户过去交易记录和现在资金转移情况的对比来找出可疑账户进行冻结，从而让 PayPal 避免了数千万美元的损失。

蒂尔想到这套防骗技术或许还可以为政府提供服务。在硅谷，有着最高端的技术和政府部门平时很难接触到的优秀工程师。蒂尔认为，如果由这些工程师建立一个数据分析库，整合支离破碎的数据库并进行更高效率的搜索分析，或许是个不错的生意。于是，他和朋友共同创立了一家大数据收集与分析公司——Palantir Technologies。

Palantir 的技术可以使毫无工程师背景的人也能轻松地对大量数据进行分析，以查询并解决问题。此后，Palantir 因从事高度机密工作而名扬天下，其客户遍及美国政府和华尔街的金融公司。该公司 2018 年的全年营业收入达到 8.8 亿美元，并于 2019 年踏上融资上市之路。

（资料来源：佚名，2017．深度：大数据分析公司 Palantir 如何帮助 NSA 和他的小伙伴们监控全球[EB/OL]．https://www.freebuf.com/news/130358.html．节选，有改动。）

思考

机场的安检启发了蒂尔对建立网络信息“安检”系统这一问题的探索和思考，我们又如何能发现学习与生活中遇到的种种问题，并从中得到启发呢？

第一节 问 题 探 索

一、探寻问题——问题风暴法

问题风暴法，又称为问题构想技巧（question formulation technique），是一种围绕现状提出问题的方式，它通过讨论、座谈等形式相互提出问题，进而不断探寻问题的真谛。这种方法是由非营利组织——“问对问题研究所”（Right Question Institute）在过去 20 年间通过研究和完善问题生成方法而开发出来的专利，目前已被广泛运用于各大高校及微软、凯撒医疗机构等知名企业。

问题风暴法和头脑风暴法类似，都是通过发散思维来提出观点，二者的根本区别在于：问题风暴法强调尽可能多地产生问题，而头脑风暴法则主要产生创意想法。此外，由于提出问题的难度比思考创意要低一些，参与问题构想讨论的人能更好地诱发团体的发散思维，让人们更全面地参与其中，鼓励人们围绕问题进行提问，打破提出问题的局限性，从而推进更深入的分析，获得更透彻的认识。

问题风暴法一般分为四个步骤：明确主题、列举问题、优化问题和评选问题，如图 5.1 所示。

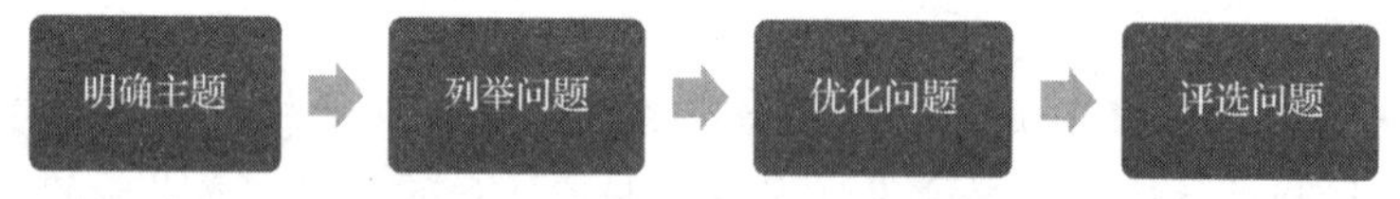

图 5.1 问题风暴法的四个步骤

1．明确主题

首先，用陈述句的方式简单描述当前所面临的难题，从而确定讨论的主题，注意主题的选取需包含关键信息，并具有一定的客观性，不能是主观臆断的想法。例如，新开发的软件销量不畅致使公司的业绩下滑了 50%。类似这样明确的陈述句更能启发与会者的思考。

2. 列举问题

小组围绕主题进行提问，选择一名成员记录所有问题，用一张表进行问题的列举。在该环节中，坚持“畅所欲言、追求数量、禁止批评、延迟评判、改进完善”的原则，充分激发与会者的想法，保持与会者的热情。提出问题的时间应控制在 50～70 分钟，如果中途不能提出更多问题，可进入下一步骤。

3. 优化问题

列举结束后，对小组成员记录下的问题逐一进行优化改善。例如，尝试把所有封闭式问题转换为开放式问题，或者把开放式问题转换为封闭式问题。开放式问题灵活性大，有利于充分、自由地表达自己的意见；封闭式问题指向性强，有利于引导我们聚焦问题本身，并对回答结果进行统计分析和对比研究。

例如，可将“公司目前产品只能面向青少年吗”这一封闭式问题转换为“除青少年外，还有哪些群体是公司的潜在客户”这一开放式问题。

练习

请比较以下两个问题，分析这两种提问方式的优缺点分别是什么？

1）封闭式：我们是否能够摆脱对手机的依赖？

2）开放式：为什么我们会对手机产生依赖？

4. 评选问题

对列举的问题进行优化改善后，再进行一次讨论，以便激发成员兴趣，开启全新的思维方式，经过多次反复比较和优中择优评选出最佳问题，并保留 2～3 个作为备选。这些最佳问题是大家集体智慧的结晶，是团队合作取得的成果。

评选最佳问题的标准是什么

“好问题”与“坏问题”一般可以通过四个维度进行稍加分类，这四个维度是封闭、开放、聚焦、宽泛，如图 5.2 所示。

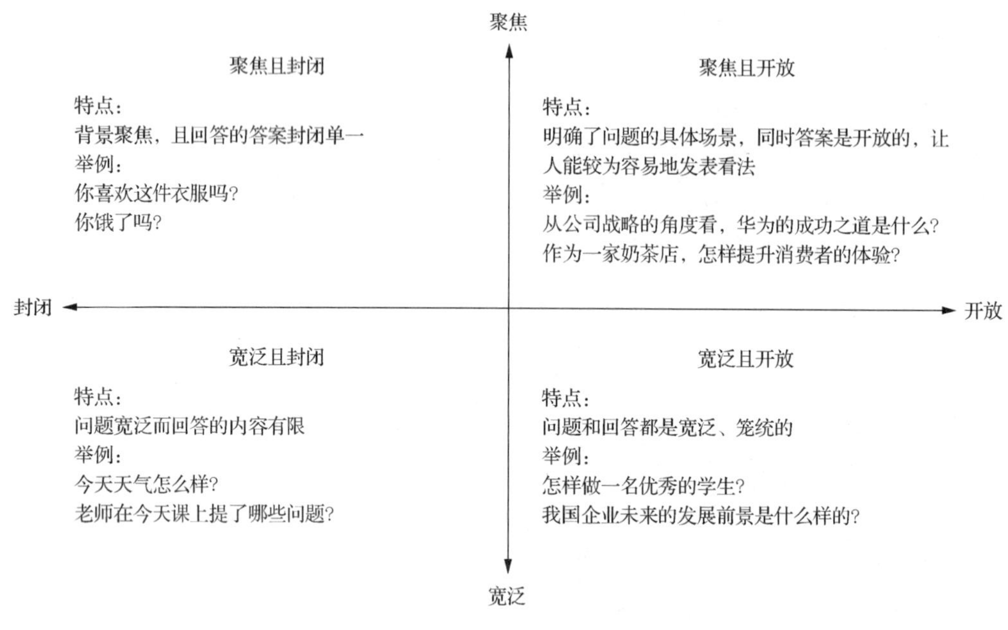

图 5.2　评选问题的维度

综上所述，我们可以为好的问题订立一个标准，即“前提聚焦，问题开放”，也就是图 5.2 中的右上角区域的问题。

（资料来源：佚名，2018．需求分析：怎么提问[EB/OL]．https://mp.weixin.qq.com/s/yu7tsyXvLAV_ORG3T_4bQQ．节选，有改动。）

与头脑风暴法形成异想天开的创意相比，从问题风暴中获得的“问题”更具有针对性，值得团队成员花更多时间进行思考和讨论。表 5.1 是一个以“直播行业正在深刻影响我们的生活”为主题的问题风暴法实例。

表 5.1　问题风暴法实例

明确主题	列举问题	优化问题	评选问题
直播行业正在深刻影响我们的生活	我们会沉迷于看直播吗？	为什么我们会沉迷于看直播？	保留
	从事直播行业的都是年轻人吗？	主播主要是哪些群体？	放弃
	直播行业是互联网时代催生的产物吗？	（不变）	放弃
	看直播会给主播送礼物吗？	什么因素吸引观众送礼物？	放弃
	直播行业对我们的工作和生活有什么影响？	沉迷直播有什么负面影响？	放弃
	只有年轻人喜欢看直播吗？	哪些群体最喜欢看直播？	放弃
	……	……	……

借助分析工具来探寻问题

我们在探寻问题时，除了运用问题风暴法来激发思维外，还可以借助三个管理学常用的分析工具：PEST 分析模型、波特五力分析模型、SWOT 分析模型。这几个分析工具原本用于对一家企业的内外部环境进行分析，在这里它们能为我们提供思考问题的角度和方向，同时也能进一步验证问题的有效性。

（1）PEST 分析模型

PEST 分析模型是基于战略的眼光来分析企业外部宏观环境的一种方法，PEST 是 political、economic、social、technological 4 个英文单词首字母缩写，其含义为企业外部的政治和法律环境因素、经济环境因素、社会和文化环境因素及技术环境因素。在进行问题探寻的时候，离不开对宏观环境的讨论，而 PEST 分析模型能从各个方面比较好的把握宏观环境的现状和变化趋势，有利于初创企业对生存发展的机会加以利用，对环境可能带来的威胁及早发现和避开。图 5.3 为 PEST 分析模型。

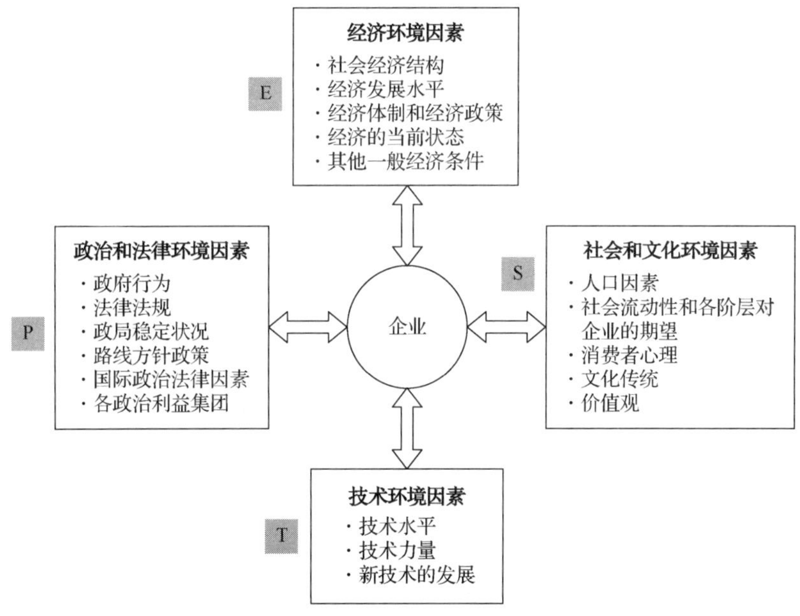

图 5.3　PEST 分析模型

（2）波特五力分析模型

波特五力分析模型是由迈克尔 • 波特（Michael Porter）于 20 世纪 80 年代初提出的，对企业战略的制定产生了全球性的深远影响，可用于竞争战略的分析。对竞争环境进行有效分析，能够帮助创业者从企业自身与五力主体之间的关系中发现问题。五力分别是：供方的议价能力、买方的议价能力、潜在进入者的威胁、替代品的威胁、产品竞争者现有企业间的竞争。这五种力量的不同组合变化最终影响行业利润潜力的变化。图 5.4 为波特五力分析模型。

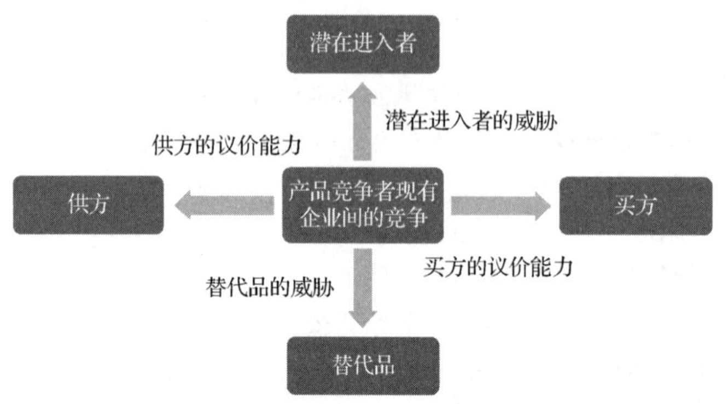

图 5.4 波特五力分析模型

（3）SWOT 分析模型

SWOT 分析是基于内外部竞争环境和竞争条件下的态势分析，就是将与研究对象密切相关的各种主要内部的优势（strengths）、劣势（weaknesses）和外部的机会（opportunities）、威胁（threats）等，通过调查列举出来，并依照矩阵形式排列，然后用系统分析的思想，把各种因素相互匹配起来加以分析，从中得出一系列相应的结论，其结论通常带有一定的决策性。运用 SWOT 分析，可以从内部、外部多个角度更全面地看待企业的发展现状，有助于创业者找到问题的根源和解决问题的方向。图 5.5 为 SWOT 分析模型。

优势（strengths）	劣势（weaknesses）
1. 2. 3. ……	1. 2. 3. ……
机会（opportunities）	威胁（threats）
1. 2. 3. ……	1. 2. 3. ……

图 5.5 SWOT 分析模型

一般来说，我们利用 SWOT 战略分析矩阵，可以对研究对象所处的情境进行全面、系统、准确的研究，从而根据研究结果制定相应的发展战略等，这些对策往往由四个要素组合分析而得，即 SO 战略、WO 战略、ST 战略、WT 战略。图 5.6 为 SWOT 战略分析矩阵。

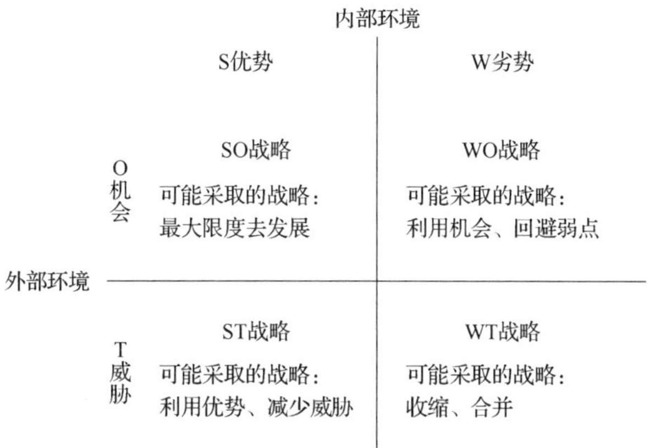

图 5.6　SWOT 战略分析矩阵

（资料来源：黄明睿，张进，2018. 创新与创业基础[M]. 北京：高等教育出版社.）

利用用户画像找到目标市场

PEST 分析模型、波特五力分析模型、SWOT 分析模型不仅可以帮助我们挖掘问题、思考问题和验证问题，它还是最受创业者欢迎的市场研究分析工具。我们可以利用 PEST 分析模型对宏观环境进行分析，利用波特五力分析模型对行业环境进行分析，利用 SWOT 分析模型对企业内外部环境进行综合分析。除了这三个工具以外，我们还可以利用用户画像来找到目标市场。

用户画像是一种勾画目标用户、联系用户诉求与设计方向的有效工具。该工具最早应用于电商领域，通过将用户的每个具体信息抽象成标签，利用这些标签将用户形象具体化。随着互联网和大数据应用技术的发展，用户画像在各领域都得到了广泛的应用。为了把握用户需求，创业团队需要绘制出精准的用户画像，从而有针对性地提供产品和服务。

具体来说，可以从以下六个方面形成用户的标签。

（1）人口属性

人口属性用于描述用户个人基本特征信息，包括姓名、性别、年龄、婚姻状况、联系方式、住址等。

（2）信用属性

信用属性用于描述用户收入情况、收入潜力和支付能力，包括职业、学历、收入、资产、负债、信用评分等。

（3）消费特征

消费特征用于描述用户的主要消费习惯和消费偏好，有助于企业寻找高频和高价值的客户，包括有车族、有房族、购物类型、购买周期、品牌偏好等。为了便于筛选客户，还可以参考客户的消费记录和语义场景，将其直接定性为某些消费特征人群，如差旅人群、数码控、奢侈品族、理财精英、宝妈等。

（4）兴趣爱好

兴趣爱好用于描述客户的兴趣偏好，有助于创业团队了解客户消费倾向，定向进行精准营销。兴趣爱好和消费特征信息来源于已有的消费记录、位置信息和不同的语义场景等。假设一名女性用户经常在网购平台的购物车中加购化妆品，那么通过对她的消费记录进行挖掘，可将其定义为“美妆达人”。

（5）社交信息

社交信息用于描述用户的社交图谱、家庭成员、朋友圈，这些信息往往代表用户的消费预期和客户社会关系网，通过社交信息可以更深入地了解客户，以便为客户提供个性化的服务。

（6）交互信息

交互信息是采集用户在社交媒体上的言论，这些信息往往代表客户真实的需求，具有实时性高、转化率高的特点。例如，客户在某论坛询问某一款手机的性价比如何？通过对提问和回答的语义进行分析，手机品牌商可以窥探出让消费者担心的问题是什么，从而有针对性地做出调整。

对以上六个方面进行分析后，我们可以得到某一名用户的多个标签，这时可以用一个具体形象或虚拟形象来代表这名用户，并将这些标签一一列在这个形象的周围，从而可以直观地看到我们的客户到底“长什么样子”。例如，某餐饮品牌对其中一名会员秦小敏所绘制的用户画像如图 5.7 所示。

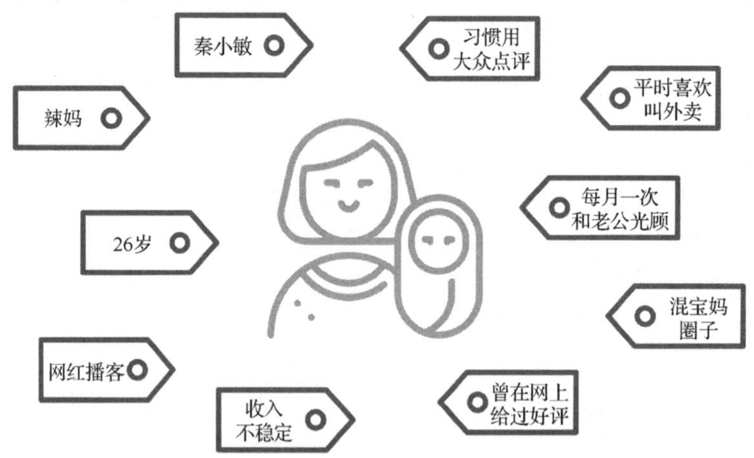

图 5.7　秦小敏的用户画像

通过分析多名用户画像，我们可以从特点相似的用户中挖掘共同点，将他们看作一个整体，利用共性标签来代表这类群体的特点。这样，就能明确项目的目标用户到底是哪一类人，以便创业团队找准市场，也可以预测市场容量，从而进行后续的战略布局。

（资料来源：佚名，2016．一文全面了解用户画像六大维度[EB/OL]．http://www.sohu.com/a/116357687_473462．节选，有改动。）

二、发现问题本质——5WHY 分析法

5WHY 分析法是一种针对一个问题提出 5 次或多次“为什么”的方法，可用于剖析

问题的根本，帮助团队发现问题的本质。这个方法最初由丰田汽车公司的创始人丰田佐吉提出，经“生产管理教父”大野耐一的发展完善而形成。

大野耐一曾运用 5WHY 分析法举过一个经典案例——流水线上的一台生产机器不运转了，经理和工人展开了一段对话。

经理：为什么会停机？　　　　工人：因为超负荷，保险丝熔断。

经理：为什么会超负荷？　　　工人：因为轴承不够润滑。

经理：为什么不够润滑？　　　工人：因为润滑油泵不能有效抽压。

经理：为什么不能有效抽压？　工人：因为油泵的旋转轴磨损。

经理：为什么旋转轴会磨损？　工人：因为没有过滤装置，使金属碎屑掉进去造成磨损。

通过 5 次甚至更多次的询问，可以使解决问题的人避开主观或自负的假设和逻辑陷阱，从结果入手，沿着因果关系链条，顺藤摸瓜，直至找出根本原因。经理和工人的问答最终得出结论：导致机器停止的原因是“没有过滤装置”。显然，如果没有经过问题不断深挖，很可能工人就只会简单换掉熔断的保险丝就了事。这样的话，问题很快会再次发生。

但在运用 5WHY 分析法的过程中也有需要注意的点，如果运用不当，也可能事倍功半。运用 5WHY 分析法需注意以下事项。

1）注意避免不自然的推论。

2）不能用类似借口的内容回答所提出的“为什么”。

3）围绕问题本身，避免推卸责任。

4）注意层与层之间的相关性。

5）现象只记录事实。

6）对分析的结果进行确认。

拓展

丰田生产方式

1973 年秋季石油危机爆发后，在经济低速增长的形势下，丰田汽车工业公司的业绩比其他公司相对更好，具有更强的抗萧条力量。那么，是什么让丰田公司在危机之中保持屹立不倒呢？

大野耐一，著名的丰田生产方式创始人，被日本人称为“生产管理教父”，曾任丰田纺织公司和丰田合成公司会长。第二次世界大战后，日本的汽车工业普遍受“多品种少量生产”这个市场状况的制约，那时的丰田不但面临资金短缺，还面临原材料供应不足等问题，使得日本汽车制造业的生产率与美国差距巨大。在如此严峻的现实面前，大野耐一把眼睛死死盯住现场管理。他日思夜想：为什么美国的生产率比日本高出几倍？如何能找到更好的生产方式呢？为了同欧美汽车工业的“大批量少品种生产”相抗衡，他创造了一套超常规的、具有革命性的全新生产方式——丰田生产方式。这种生产方式是对曾经统治全球工业的福特式生产方式的重大突破，在全世界产生了深远影响，也让丰田公司在石油危机中还保有强大的生命力。时至今日，丰田公司的市值高达 1932 亿美元[①]，高居全球汽车公司市值第一名，超第二名市值两倍有余。

（资料来源：佚名，2013．丰田生产方式[EB/OL]．https://baike.baidu.com/item/%E4%B8%B0%E7%94%B0%E7%94%9F%E4%BA%A7%E6%96%B9%E5%BC%8F/10077845?fr=aladdin．节选，有改动。）

三、重构问题——HMW 提问法

我们在找到问题的根本之后，需要对问题进行重构。重构问题常用的方法是 HMW 提问法，即利用三个单词组成的问句“How might we…”来进行提问，其中文意思是“我们怎样才能……”。“how”这个词首先假定了解决方案的存在，提高了人们解决问题的自信心。“might”指我们提出的想法并非一定可行或不可行，存在可能、变化和适应性。“we”是指以团队之力，基于共同想法的前提合作去做这件事。这种提问方式能帮助想要成为创新者的人以最佳的措辞提出正确的问题，对于问题的重构很有效，而且很容易激发创造性的思维。

当团队进行创新时，成员总会谈及未来可能会面对的挑战，但使用的语言却是抑制创新的语言。例如，“我们可以做这个决定吗？”或者“我们该实施这个计划吗？”每当我们用“可以”“应该”等词语时，措辞就会暗含一种既有的判断。因此，我们不妨把“可以”“应该”这些词替换成“怎样才能”。比如：

- 我们怎样才能不再沉迷于看直播？
- 我们怎样才能提高组织策划能力？
- 我们怎样才能高效率地学习？
- 我们怎样才能按时完成上司下达的任务？

……

通过将所有的提问替换成“我们怎样才能……”的形式，鼓励团队的每一位成员提出创造性的解决方案。运用 HMW 提问法来重构问题，可以促使我们以最佳措辞提出能够激发创造性思维的、碰撞思想火花的建设性问题，让这个问题将大家凝聚起来，围绕同一种理念或同一个难题进行思考，并向同一个目标前进。

拓展

应用 HMW 提问法来解决问题

HMW 提问法是重构问题的重要工具，它能帮助我们梳理问题，让提问变得更加清晰，同时也更能激发创造性，这种创造性有助于创新者的发散思维，提出问题的解决方案。实际上，我们在提问 HMW 的时候，也可以运用发散思维，从一个问题引出多个问题，以引发不同角度的创意思考，提出更多元化的方案，从而找到问题的解决办法。那

① 根据 2019 年 10 月 19 日各大公司市值统计。

么，我们怎样运用 HMW 提问法来解决问题呢？一般，我们可以把一个 HMW 问题拆解为以下五个方向。

1）否定。如何想办法让用户放弃这个想法。

2）积极。如何让用户提升自己来解决问题。

3）转移。如何让其他人解决问题，进而解决最初的问题。

4）脑洞大开。平时不敢想的一些方案。

5）分解。把重大问题拆解成多个小步骤。

下面让我们通过一个简单的例子来更好地掌握 HMW 提问法这一工具。假设目前某学校的各个社团正在筹备新一轮的招新计划，社团的干部们都想吸纳更多的新人进入自己的社团，于是他们试着利用 HMW 提问法，从以上五个角度发散问题并提出解决方案，希望就如何招揽更多新同学加入社团这一问题迸发出尽可能多的想法和建议，如图 5.8 所示。

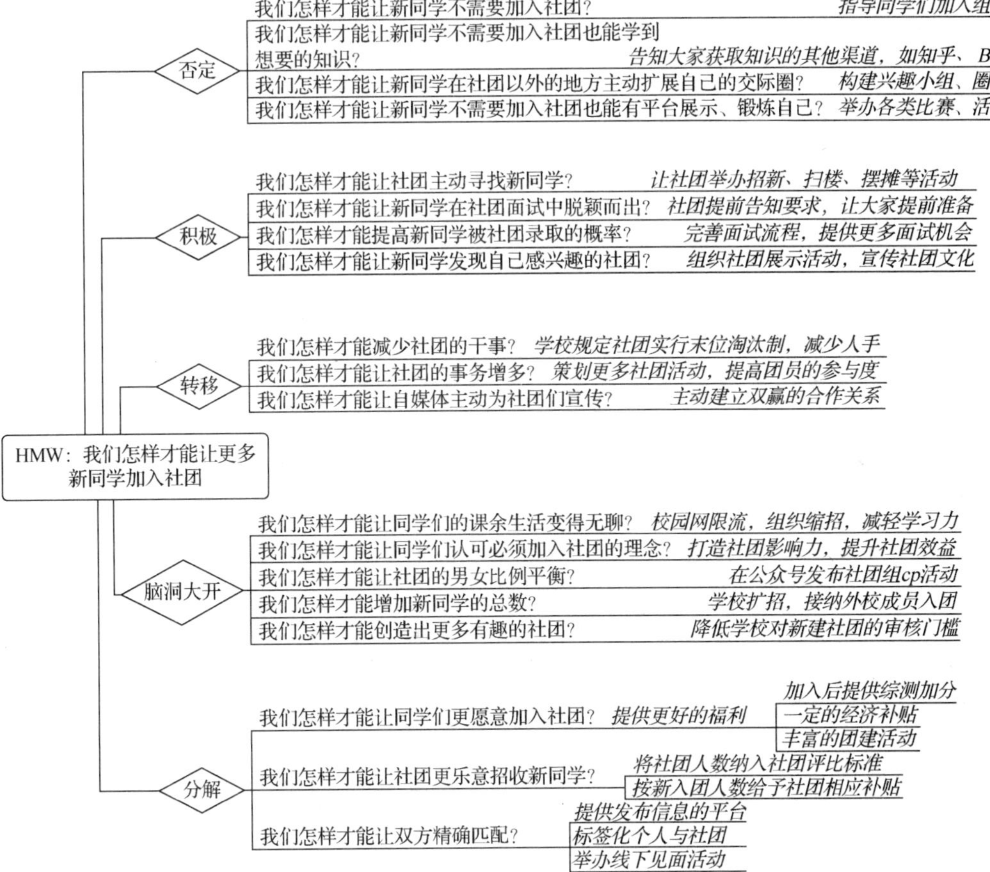

图 5.8　HMW：我们怎样才能让更多新同学加入社团

（注：末端斜体字部分为相应的解决方案）

通过对问题的拆解，最终社团成员决定从以下几个方面解决问题。

- 让社团举办招新、扫楼、摆摊等活动。
- 打造社团影响力，提升社团效益。
- 完善面试流程，提供更多面试机会。
- 向学校申请，为新加入的社团成员提供综合测试加分。

四、呈现问题——问题画布工具

问题画布是一种适用性很强的问题分析整理工具，通过再现问题来对问题进行细分。问题画布是基于 5W2H 法设计出来的，“5W”即 who（谁的问题）、when（什么时候发生）、where（什么地方发生）、why（问题本质原因）、what（问题是什么），“2H”即 how urgent（问题紧急性）、how important（问题重要性）。问题画布如图 5.9 所示。

<table>
<tr><td>谁的问题
who</td><td>什么时候发生
when</td><td>问题是什么
what</td><td>问题紧急性
how urgent</td><td>问题本质原因
why</td></tr>
<tr><td rowspan="3">问题发生的对象</td><td>问题发生的时间</td><td rowspan="3">HMW 提问法重构问题</td><td>解决问题的急迫</td><td rowspan="3">问题的深层次原因（可使用“5why”分析法）</td></tr>
<tr><td>什么地方发生
where</td><td>问题重要性
how important</td></tr>
<tr><td>问题发生的情景</td><td>评估问题的重要程度</td></tr>
<tr><td colspan="2">问题情境描述</td><td>问题重构</td><td colspan="2">问题分析</td></tr>
</table>

图 5.9　问题画布

问题画布能帮助我们对问题进行循序渐进式的剖析。通过使用问题画布，我们可以理出一条清晰的问题发展主线：从画布左侧陈述问题发生的对象、时间和情境展开，到画布右侧对问题进行剖析，即问题的紧迫性、问题的重要性和问题的本质原因，最后到画布中部对原始问题进行优化重构。

通过本章对“探寻问题—发现问题—重构问题—呈现问题”这四大方面的展示，我们可以看出问题画布是一种可以用来呈现问题的语言。呈现问题作为最后且关键的一步，使用问题画布能够帮助我们在整个探索问题的过程中克服障碍，做到真正的流利表达。

在前面所举的问题风暴法实例中，我们探寻出一个问题——“为什么我们会沉迷于看直播？”下面我们遵循“探寻问题—发现问题—重构问题—呈现问题”这一流程，用相应工具探索这一问题并将其通过问题画布完整地呈现出来。问题画布示例如图 5.10 所示。

<table>
<tr><td>谁的问题
who</td><td>什么时候发生
when</td><td>问题是什么
what</td><td>问题紧急性
how urgent</td><td>问题本质原因
why</td></tr>
<tr><td rowspan="3">热衷于网络媒体人群</td><td>随着移动互联网的发展</td><td rowspan="3">我们怎样才能避免沉迷于看直播？</td><td>影响人们的精神世界和现实生活质量，甚至会导致不理性的付费</td><td rowspan="3">人们的猎奇和窥视心理</td></tr>
<tr><td>什么地方发生
where</td><td>问题重要性
how important</td></tr>
<tr><td>随处可见</td><td>非常重要</td></tr>
<tr><td colspan="2">问题情境描述</td><td>问题重构</td><td colspan="2">问题分析</td></tr>
</table>

图 5.10　问题画布示例

第二节　原型制作

原型是指用于表达产品功能和内容的示意图。原型制作旨在快速建立一个可行的问题解决方案，它不求精细，胜在快速。越快明确我们的想法并建立原型，就能越早迭代原型，从而渐渐接近最佳的问题解决方案。

简单来说，产品原型具有以下优点。

1）理解。利用同理心，建立简单易懂的原型将想法与情境外化，让成员更直观地思考。

2）探索。进行用户测试，快速获取用户反馈，提高反馈质量。

3）沟通。降低与同事、客户、设计师、工程师等互动方的沟通成本。

原型的目标在于清楚地表达产品的设计理念和功能的执行逻辑，所以能够达到这个目标的原型都是合格的。产品原型只把必要的功能留在其中，即产品是为“什么人（who）”开发的“什么功能（how）”，可以让他们获得“什么成果（what）”。

产品原型按问题识别分为体验原型和功能原型，按呈现方式分为图像原型、视频原型和拼凑式原型，如表 5.2 所示。

表 5.2　产品原型的分类

产品原型	问题识别	体验原型
		功能原型
	呈现方式	图像原型
		视频原型
		拼凑式原型

一、体验原型

体验原型专注于用户体验相关问题。它不需要真正在技术上实现其功能，而是强调用户使用其过程中的某一方面，并针对这个环节获得用户反馈。体验原型提供给用户一个真实或仿真的、可以触摸的、不需动用想象力的特殊体验。体验原型的特点是可以采用任何方式来提供用户体验。

例如，全球顶尖的设计咨询公司 IDEO 在 20 世纪 90 年代建立的数码相机原型，旨在讨论“让使用者能够即时看到所拍摄的内容”这一问题，但并没有实现相机的拍照、存储等主要功能，而只专注于查看照片这一体验上。产品涉及的其他问题则留给其他原型来回答。

二、功能原型

功能原型与体验原型相反，它重在功能的开发而不是体验。功能原型专注于功能与技术部分，旨在测试产品设计，检验并回答关于技术、功能的可实现性问题。功能原型的特点是不需要涵盖用户的体验。

三、图像原型

图像原型包括电子和纸质两种。电子图像原型是利用软件工具 Axure RP、Justmind、Keynote 等，描绘出产品的线条、图形框架来展示产品功能、用途及使用方式。纸质图像原型需要借助铅笔、橡皮、白纸等简单易得的工具来画出草图。由于草图的非正式性，多使用原型设计的前期论证阶段。例如，我们可以用图 5.11 的草图来简单表示国内考研的一般流程。

图 5.11　国内考研的一般流程

四、视频原型

视频原型就是用视频的形式来展示产品或服务。通过视频的形式让客户更加直观地感受产品或服务带来的冲击。肯德基每次在推出新品前，都会为新品做相关的形象推广，融合本土文化特色，在电视、网络等平台大量投放新品介绍视频，用精美的拍摄效果给观众带来巨大的视觉冲击，很好地为新品造势，触发了消费者的购买意愿，获得极大的反响。

五、拼凑式原型

拼凑式原型是利用简单的材料和工具，通过拼凑组合，搭建成一个模型，以此展示产品或服务的内容。便携式自助火锅就是一个很好的例子，它是由耐高温的盒子、生石灰、水、多种火锅食材等用具组成，实现“无火”“便携”功能的即食火锅食品。这也是用现有的简单工具做出的产品原型，可以节省资源，还有“便利”的作用。

练习

限时 5 分钟进行小组讨论，列举更多你们所知道的产品原型，别忘了标记出每个原型的所属类型。

由“问题”到“项目”

所需材料：签字笔、A4 纸、便利贴。

活动时间：60 分钟。

请以小组为单位，运用问题风暴法构想一个问题，并围绕该主题设计一个简单的原型，并按以下步骤进行。

第一步：每个小组明确一个讨论主题。（时间：10分钟）

第二步：根据已经明确的主题尽可能多的列举问题。（时间：5分钟）

第三步：对提出的问题进行优化，评选一个最优问题并保留。（时间：5分钟）

第四步：对保留下来的最优问题进行深入思考，构想出本项目的主题，尝试用一句话描述你们的项目是做什么的，再根据项目内容设计一个项目LOGO。（时间：5分钟）

这是一个由“问题”到“项目”的过程，每个小组形成的问题将成为一个创业项目主题，该项目将会一直延续到本书的最后一章。

课后案例

原型——赋予客户更有意义的体验

2006年，万豪国际集团对旗下的唐普雷斯酒店进行重新设计，旨在进一步优化品牌识别度，并赋予宾客更有温度的贴心服务。

为了能够直观地感受顾客的住宿体验，项目团队在美国旧金山租了一间旧仓库，并在那里搭建起与实际酒店尺寸大小一致的大堂模型，以及一个用泡沫塑料板搭成的标准客房，以此作为原型，邀请不同行业、不同类型的“体验官”亲临现场，并提出意见。

唐普雷斯酒店属于中等价位的长租连锁酒店，其主要消费群体是长期出差的商务旅客。项目团队与这部分顾客交谈之后发现，对于长期住在酒店的人而言，他们更多关注的是出差城市的“生活”体验，而非在酒店“逗留”的经历。因此，在制作酒店大堂原型时，他们没有选择传统酒店那种千篇一律的长沙发、正式的咖啡桌和几乎没人会看的电视机，而是通过休闲化的长椅、独凳和供顾客站立或倚靠的空间，打造出一个“10分钟休息场所”。在这里，顾客既可以翻阅杂志、小酌一杯，也能满足他们基本的商务洽谈需求。

通过更深入的调研，项目团队还发现卧室是顾客工作室的延伸，对此他们在客房原型中把原本的巨大餐桌换成一个高度灵活、可伸缩桌椅的一体组合柜，这样顾客可以根据实际需要在这里自由办公或用餐。

除此之外，在这个巨大的原型中还有一个富含创意的细微之处：项目团队特别设计了一面地图墙挂在酒店大堂的显眼位置。这是一张覆盖了酒店周围区域的巨幅地图，顾客可以在这上面看到当地著名的购物场所、特色餐馆、公园及休闲娱乐场所等地标。此外，这不仅是一张地图，更重要的功能是作为一个“开源留言簿”，让顾客在上面标出他们自己在附近发现的有趣、好玩的地方。相信有了这张地图，可以让本来没有交集的顾客开启共同话题，一起分享自己在这个城市中的生活体验。

通过这样一个具有诚意的原型，项目团队搜集到许多顾客内心的真实想法。为了给顾客创造宾至如归的住宿体验，后期团队成员专门以地域特色出发，因地制宜地提出了“环球风情主题客房”的理念。利用地域文化来包装酒店，形成各个地区特有的主题文化，此时的市场竞争已不纯靠硬件上的比拼或竞价等方式，而是需要进一步思考如何扩展酒店主题，怎样把主题文化扩散到每一个服务细节中，并让它留在每一个顾客的脑海里。唐普雷斯酒店通过独有的品牌形象带给顾客“家”的感觉，又通过无国界的设计让顾客足不出户也能感受各地的文化风情。

万豪国际集团旗下的唐普雷斯酒店的品牌副总裁劳拉·贝茨曾表示：“这样的（原型）工作经历我们从未有过。虽然我们也曾制作样板间，但那只是一种展示方式。这样的模型让我们对空间布局和建筑结构的想法有了根本性改变，这种方式不仅将顾客的需求置于中心，还将设计创意迅速呈现在我们面前。”可见，通过搭建原型，有助于更快速地发现项目中存在的问题，发掘顾客真实的需求，从而不断地对项目进行迭代和优化，给予顾客更好的服务体验。

如今，万豪国际集团已是全球首屈一指的国际酒店管理公司。截至 2020 年年末，万豪国际集团旗下合计有 7600 家酒店和分时度假酒店，客房数量约 142.3 万间。万豪国际集团 2020 年的市值已达 463 亿美元，年营业收入约为 105.71 亿美元，对比其竞争对手凯悦酒店（年营业收入 20.66 亿美元）、希尔顿酒店（年营业收入 43.07 亿美元）遥遥领先。

（资料来源：佚名，2017. 唐普雷斯酒店设计：赋予客户更有意义的体验 [EB/OL]. https://mp.weixin.qq.com/s/rzXMYlDelFWG5AD7JM-vPw. 节选，有改动。）

思考

你认为对于创业团队而言，在一个创业项目中，原型是必要的吗？为什么？

课后任务

1. 对项目进行市场分析

想要制胜市场，首先要了解市场。创业团队在明确项目后，需要进行详细的市场研究和分析，验证项目的可行性。本章我们介绍了 PEST 分析模型、波特五力分析模型、SWOT 分析模型、用户画像等市场分析工具，请各小组依据项目主题，在课后上网查阅相关资料，分工完成项目的市场分析工作。

实践：请相对应完成实践模块的“第 1 部分　封面”（第 148 页）和“第 4 部分　市场分析”（第 155 页）。

2. 为项目制作原型

明确项目主题后，创业团队有了具体的方向，可以进一步设计出项目的产品或服务。你们小组将创造什么样的产品？或是提供什么样的服务？请绘制一个简单的纸质图像原型来描述你们的项目。下节课，每个小组派一名组员阐述你们的项目主题和原型，限时 2 分钟。

实践：请相对应完成实践模块的第 5 部分“5.1　产品/服务原型”（第 162 页）。

学习提升

1. 为什么问题比答案更重要？
2. 为什么问题探索需要四个步骤？它们缺一不可吗？
3. 原型制作的要点是什么？
4. 如何更好地借助原型与客户进行沟通？
5. 如何搭建省时、省力、省物的产品原型？

本章小结

本章主要介绍了问题探索与原型制作两部分内容。在问题探索部分，主要讲述了“探寻问题—发现问题—重构问题—呈现问题”的问题探索模式，结合案例分别解读了相应工具的运用。在原型制作部分，讲述了原型制作的概念及重要性，各种方法的特点及适用范围。通过各种训练提高环节，让学生体验问题探索的过程，并尝试搭建原型。

本章的重点是问题探索的过程，难点是对产品原型的理解及产品原型的建立。

第六章

用户测试——给我依赖，给我力量

学习目标

1. 了解用户测试与产品开发的相关概念。
2. 理解什么是天使用户。
3. 掌握用户测试的相关方法。
4. 掌握迭代式开发法，并能够理解瀑布式、迭代式两种产品开发方法的区别。
5. 掌握 MVP 的概念。

导入案例

全面屏手机的解锁技术

全面屏手机大家一定不陌生了，全面屏概念的兴起得益于我国的手机品牌小米，小米在 2016 年 10 月发布了一款屏幕占比达 91.3%的手机“小米 MIX”，随后全面屏成为智能手机市场的主流。

但全面屏手机也有它的弊端，就是解锁功能没有以前的设计方便了，于是就有了人脸识别，但人脸识别技术在实际应用中也存在一些不足。随后，屏幕指纹识别的概念出现在广大手机用户的视野里。如今，OPPO、小米、华为、VIVO 等手机厂商都推出了搭载屏幕指纹识别的手机，但现阶段市场上的屏幕指纹识别，必须用手指按压特定的区域才能实现解锁，这些特定区域大多不是用户最舒适自然的位置。OPPO 公司发现了这一点，并进行了大量的测试观察，最后用光域指纹技术圈定出“黄金识别区域”，该技术可以将目前主流产品的屏幕指纹面积扩大 15 倍，并能支持同时扫描两个手指以实现更高安全性的双指认证。“黄金识别区域”位于手机屏幕中下部的位置，这块位置几乎能覆盖单手操作的极限空间，用户点按整个区域内的任意位置都可以通过指纹解锁或支付。即使在黑屏状态下，通过触摸屏幕也能解锁，整个过程几乎是无感知的。

（资料来源：佚名，2019．OPPO 光域屏幕指纹识别技术公布，黄金识别区域解锁更方便[EB/OL]．https://m.sohu.com/a/289551916_100257849/?pvid=000115_3w_a．节选，有改动。）

◆思考◆

1．你认为 OPPO 在产品创新开发上有什么是值得借鉴的？
2．在创业路上，我们应该如何进行产品开发，才能更好地满足用户需求？

第一节　用户测试

一、什么是用户测试

开发者认为完美的产品，不一定能赢得顾客的青睐。所以，开发者除了从自身角度出发审视产品外，还需要站在用户的角度进行思考。

用户测试是以用户为中心的一种产品设计验证方法。也就是说，将产品原型交付用户使用，通过观察和询问用户（被测试者）记录产品的真实使用情况，并由用户提出修改建议，界定可用性问题的过程。测试的内容主要围绕用户的使用体验，如App运行是否稳定、界面是否简洁明了、功能是否达到用户使用要求等。

用户测试这一环节可以让开发者清楚用户对产品的真实想法，进而根据用户的反馈进行有针对性的完善。例如，OPPO手机为满足用户手机续航的要求，在国内较早推出了快充技术，并打出“充电5分钟，通话2小时”的口号，可谓是注重用户体验的一个亮点。

二、测试的用户——天使用户

用户测试的目标用户并非产品的所有用户，而是天使用户。天使用户是指能够接受不太完美甚至有些缺陷的早期产品，对产品高度认同，愿意与企业一起试用、验证和反馈，甚至参与产品的研发、推广，共同完善产品的早期用户。

天使用户的共性是热爱这个产品，并从口碑、产品改进等角度成为促进产品从小众走向大众的基石。他们不同于一次性投入大量资源支持企业发展的天使投资，但却能凭借对产品的认同，不断传播影响力，在企业外部形成巨大的向心力，从而帮助企业和产品形成独有的气质和风格，进而吸引更多的用户或帮助企业完成数据和资源的积累，对很多产品和企业有着至关重要的意义。

天使用户对于企业的重要性

天使用户是对企业具有较高认可度和信赖度的一批用户，他们往往能为企业提供许多有价值的意见和建议，愿意陪企业一起成长。对企业而言，天使用户能够在以下几个方面发挥助力。

1．明确天使用户，确立业务目标

初创企业的产品往往不够完善，与其在没有充分准备的情况下推广到主流市场，不如集中精力到少量天使用户，找到最需要解决问题、对产品需求最迫切的那群客户。

有一家公司的产品是可以自动吸尘的吸尘器，它可以代替人工操作。最开始，公司认为天使用户应当在家庭主妇中寻找，因为她们整天跟吸尘器打交道，是最希望解放双手的一群人。然而，经过实际的用户探索，这家公司发现对产品着迷的居然不是家庭主妇，而是那些没结婚的单身男性。原因在于，这款机器人吸尘器不仅迎合了单身男性懒得打扫房间的需要，还满足了他们对于高科技改变生活的需求。很多单身男性甚至把机器人吸尘器当作宠物来养。于是，这家公司将业务目标转向了他们的天使用户——单身男性，结果大获成功。

2．形成产品特色，走差异化战略

在现有市场中，因为竞争者之间的差异不明显，所以重点不在于增加公司的曝光度、推广品牌，这样不仅花费巨大，而且收益并不多。如果从另一个角度着手，即通过天使用户来挖掘产品特色，跟其他竞争者区别开来，反而会有意外收获。

例如，王老吉凉茶只是广东地区老百姓经常饮用的产品，在当地销量很好，但长期以来都很难走出广东。那么，怎样才能从地方特色产品提升为全国的主流产品呢？王老吉凉茶需要在众多的饮料产品中找到自己的特色，形成专属的定位。经过对广东地区的天使用户进行长期市场调研和分析，王老吉发现“降火”是顾客对凉茶最大的需求，于是提出“怕上火喝王老吉”的口号，结果一炮而红，销量很快突破百亿。

3．采取“引爆点”策略，扩大影响力

少数关键人物对主流客户的思想和行为将产生关键作用。影响力足够的关键人物实际上也是企业的天使用户，让他们影响更多消费者的决策和行为，就能产生从众效应，让产品销售以几何级数增长，这便是“引爆点”策略。

“引爆点”策略的一个典型例子是知乎的崛起。2010 年，知乎正式发布上线。2017 年 1 月 12 日，知乎完成了 D 轮 1 亿美元融资。历经创业 7 年多之后，知乎从最初的默默无闻，到如今坐拥 6500 万用户，全站 600 万个问题横跨 10 多万个话题领域的超级互联网社区，可以说是成功“崛起”。知乎成功的最重要原因就是聚集了一批高质量的天使用户。在产品上线初期，便抓住了首批头部用户：李开复、马化腾、王小川、徐小平、王兴等 200 多位内测用户。这批用户都是科技圈内举足轻重的人物，自带个人 IP 效应，在短短 40 天内创造了 8 万个问题和 2 万个回答，很快就让“知乎”这个新平台成为大众主流用户群体。

（资料来源：BLANK S G，2012．四步创业法[M]．七印部落，译．武汉：华中科技大学出版社．有改动。）

三、用户测试的方法

如何测试产品，并有效地获取用户的反馈是一门复杂的学问。下面介绍五种常见的用户测试方法：建立社群、用户访谈、众筹、投放线上广告和小规模用户测试。

1. 建立社群

每个明星都有自己的粉丝群体，这些粉丝会自发地建立类似后援团、论坛、群组等各种类型的交流平台，这些都可以理解为社群。初创企业也可以建立自己的社群，一个社群中的成员，就是顾客或潜在顾客。通过社群，可以近距离地跟自己的用户进行沟通，了解用户对自己产品的评价，如哪些地方比较满意、哪些地方被吐槽较多等，从而深入挖掘使用者的意见，获取用户最真实的反馈。在创业过程中，没有严格的定理、定律，只有各种不同的意见和假设，而初创企业验证各种假设是否正确的途径就是与真实用户进行沟通，向用户解释产品功能，询问用户对产品不同部分的重要性是如何排序的，然后根据收集到的信息再对产品进行调整。

小米科技有限责任公司（以下简称“小米”）就是一家注重社群运营的科技公司，其品牌宣言是“为发烧而生”，通过做 MIUI 手机系统，小米把用户定位于发烧友极客的圈子。根据产品特点优先锁定一个小圈子，吸引铁杆粉丝，然后逐步积累并扩大粉丝群体，再通过论坛、微博、微信等社会化营销模式，凝聚粉丝力量。小米手机的生态圈不断扩大，小米品牌顺利过渡到小米盒子、小米手环等周边产品，最终成功地将小米打造成一个著名科技品牌。

2. 用户访谈

用户访谈就是访谈者通过与被访谈者进行互动后，了解被访谈者对主题和问题的认识，从而深入挖掘访谈者需要的信息的过程。简而言之，用户访谈就是获取用户需求信息的一个途径。

用户访谈有两种方式：线上和线下。线上主要通过微信、微博等社交媒体与用户进行互动交流，以此来获得用户的需求信息；线下主要通过与天使用户进行当面交流，用最直接的方式来获得最有效的用户反馈。

拓展

VIVO 通过用户访谈打造概念店

著名手机制造商 VIVO 在品牌升级的过程中，就是通过访谈用户明确了他们的创新理念。VIVO 的品牌战略高级总监黄善一曾说：“我们不单要做优秀的手机制造商，我们更想让年轻人觉得 VIVO 是个有趣有态度的品牌。”这也正好体现了 VIVO 的核心品牌精神——“乐享非凡”。为了更生动地演绎“乐享非凡”的理念，建立与年轻消费者互动的全新方式，2019 年 3 月，VIVO 全球 VIVO Lab 首家品牌概念店（图 6.1）在深圳正式开业。VIVO 在打造这家概念店的过程中，通过用户访谈收集了很多意想不到的想法。首先，他们提出了以下几个问题。

1）这家概念店对中国一线城市的年轻消费者来说意味着什么？

2）什么样的设计原则才能让这些共鸣被传递和分享？

带着这些问题，VIVO团队对中国当代年轻人的生活态度展开了调研，访谈了一批生活背景、态度、方式各不相同的年轻消费者，与这些消费者一起去体验他们自己生活中的乐趣和想要拍照的场景。在访谈过程中，VIVO团队发现，对于年轻人而言，有意义的乐趣既不是感官刺激，也不是一场改变人生的惊天冒险，而是一个个开启个人转变和成长的生活瞬间，例如：

- 看到了更大的世界（exposure）。
- 学到了更多的知识（knowledge）。
- 结识了新的朋友（connection）。
- 发挥了自己的创意（creativity）。

这些访谈对象所提出的理念，最终形成了VIVO Lab品牌概念店的价值主张，即打造带来个人转变的乐趣体验，创造有意义的蜕变时刻。

图6.1　VIVO Lab品牌概念店

（资料来源：佚名，2019．这家国产手机厂商发布了像“飞船”一样的“概念产品”[EB/OL]．http://www.sohu.com/a/303208458_239259．节选，有改动。）

3．众筹

目前，市面上有众筹网、淘宝众筹、天使汇、人人投等众筹网站，它们为初创企业进行用户测试提供了很好的平台。初创企业通过发起众筹的方式募集资金，可根据人们对创业想法的支持情况，判断人们对产品的态度。此外，众筹平台还可以成为打通产品和客户之间信息的通道，帮助初创企业接触到对产品有浓厚兴趣的天使用户，进而打造

专业的社交圈子，增加客户的黏性，形成用户规模，为产品成功助力。

从 2012 年开播的《罗辑思维》就是通过众筹来不断测试节目的受众喜爱程度的。2012 年，曾担任央视《经济与法》《对话》等栏目制片人的罗振宇打造出这档知识类脱口秀视频节目《罗辑思维》，该节目发布了两种付费会员制度：①普通会员，会费 200 元；②铁杆会员，会费 1200 元。然而，这却被称为“史上最无理”的会员制度，因为购买这两种会员都不保证能获得任何权益。即便如此，《罗辑思维》最终还是筹集到近千万元的会费。这似乎证明了众筹模式在内容生产和社群运营方面的潜力，只要是观众喜欢的节目，就愿意花钱付费，不喜欢就看个乐呵，这也恰恰印证了通过众筹能够把握用户心态，从而进行有效的用户测试。

4．投放线上广告

投放线上广告是验证市场对于产品反应的有效方法。我们可以通过各大网络广告平台将广告投放给特定的人群，看看访客对于早期产品有何反馈，看看到底哪些功能最吸引他们。这种方法主要依靠网站监测工具来收集点击率、转化率等数据，从而获得最真实的用户感兴趣度。

需要注意的是，线上广告位的竞争非常激烈。所以，投放广告的主要目的在于验证市场对产品的态度，不要一味地追求曝光量，用户对于产品真实的反馈才是无价的。

5．小规模用户测试

小规模用户测试是指假定某个产品已具备预期的功能，但却为小规模客户提供个人化的人工服务，以此检验企业的商业假设。一般来说，对于创业企业而言，缺乏必要的资金和精力去进行大规模的测试，因此可通过简便易行的小规模用户测试，快速地给予决策者有价值的反馈。小规模用户测试对于全新解决方案而言特别有效，在降低成本和验证可行性的同时，也大幅度提高了初创企业的成功率。

例如，全球最大的卖鞋网站 Zappos 最初就是通过小规模用户测试逐渐发展起来的。1999 年，创业者尼克•斯威姆提出了一个网上卖鞋的想法。当时大家对这个想法不以为然，认为不会有人在网上购买这种具有显著实体店销售特征的商品。面对质疑，斯威姆将当地鞋店热销的鞋子照片上传到网页上来测试市场反馈。当有人在网上下单时，他就会去当地的鞋店买下客户下单的那双鞋，然后送到顾客手中，完成交易。这样一种小范围、低投入的方式验证了网上卖鞋想法的可行性，也帮助斯威姆理顺了销售鞋子、收取货款、处理退货和客服支持的全部流程。由此，斯威姆创办了 Zappos 网站并迅速抢占市场份额，该公司于 2009 年被电子商务巨头亚马逊公司以 12 亿美元的高价收购。

第二节　产品开发方法

经过用户测试并取得用户的有效反馈，初创企业就可以着手进行产品开发。产品开发有多种方法：瀑布式开发法、迭代式开发法、螺旋式开发法、敏捷开发法等。本节重点介绍以产品为中心的瀑布式开发法和以客户为中心的迭代式开发法。

一、瀑布式开发法

瀑布式开发法是一种以产品为中心的传统产品开发方法。应用瀑布式开发法在进行产品开发时，要求前一阶段的任务完成之后，开发团队才能进入下一阶段的工作，一环接一环，是一个连续的过程，因此它被形象地取名为“瀑布”。这种开发方式简单、直观且便利，主要分为六个阶段：需求、设计、开发、集成、测试、部署，如图 6.2 所示。

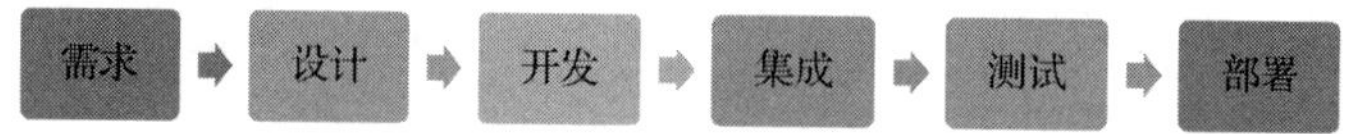

图 6.2　瀑布式开发法流程

瀑布式开发法往往在需求调研完全结束并进行预算、规划后，开发工作才能正式开始。在目的明确性高的情况下，这种开发模式容易取得一定效果。但对于在充满不确定性环境中进行生存与发展探索的初创企业而言，这种方法存在明显的不足从而导致创业失败。假如初创企业对用户的需求不能做出准确判断，花几个月甚至更长时间开发了一个自认为完美的产品，当产品呈现在客户面前时，很可能并不是客户想要的产品，与此同时，初创企业已经耗费了大量的成本。

微软的瀑布式开发模式

全球软件巨头微软公司虽然在软件开发中并没有使用纯粹意义上的瀑布式开发模式（部分开发过程有所迭代），但总体上还是沿用了瀑布式开发法流程。微软组织结构也符合瀑布式开发模式的要求，产品管理、程序管理、开发和测试、实施和用户培训等多个架构上属于平级的角色，通过相互合作和制约，完成一个软件项目的开发。

上述的开发流程和架构看似很严谨，却远远谈不上灵活。举例来说，当某个用户安装了某个版本的软件后，发现并提交了一个软件漏洞，但此时软件项目对于开发人员已经进入尾声，最终只能使用补丁，或者到下一个版本的开发阶段才能对软件漏洞进行修复。这已成为微软的一大“特色”，显然会影响软件的最终质量。

（资料来源：佚名，2016. 微软软件研发策略转变之路　从瀑布式走向敏捷开发[EB/OL]. https://blog.csdn.net/wurui8/article/details/50904297. 节选，有改动。）

二、迭代式开发法

迭代式开发法是指开发团队为了达到某个特定目标，将产品和市场需求匹配起来，连续进行多个实验的过程。

迭代思维主张开发过程循环而不求产品完美，在迭代过程中需要不断发现新问题并

迅速求解，从而帮助企业获得核心认知。与瀑布式开发法不同，迭代式开发法认为每个阶段都要经过若干次循环才能完成。在某次迭代中完成系统的一部分功能或业务逻辑，然后将未成熟的产品交给天使用户，通过他们的反馈来进一步细化需求，从而进入新一轮的迭代。迭代式开发法流程如图 6.3 所示。

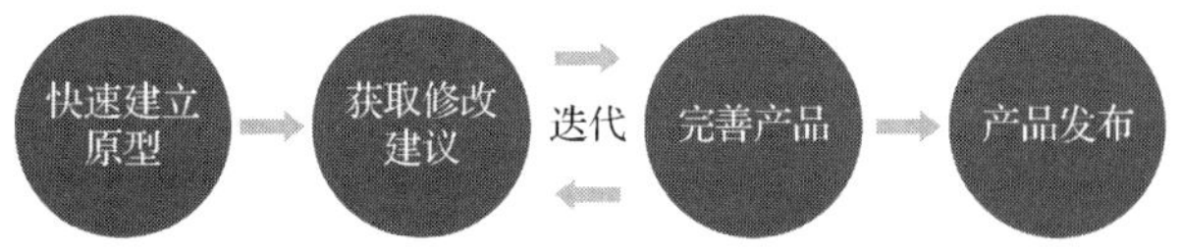

图 6.3　迭代式开发法流程

传统的创业者觉得通过重复试错来学习是件令人难堪的事。从左向右推进说明一切进展顺利，反之就是失败。迭代式开发法认为后退是一种很自然的、有价值的探索和学习手段，它鼓励我们反复尝试，直到达到特定的目标才进入下一阶段。

在产品迭代的过程中，常常会用到精益创业的理念。埃里克・莱斯在《精益创业》一书中提出了“精益创业”的概念，其核心思想是：先向市场推出一个极简的原型产品，然后在不断地试验和学习中，以最小的成本和有效的方式验证产品是否符合用户需求，灵活调整方向。如果该产品不符合市场需求，最好能“快速地失败、廉价地失败”，而不要“昂贵地失败”；反之，如果产品被用户认可，也应该不断学习，挖掘用户需求，迭代优化产品。

在精益创业理论中，这个极简的产品就是面向市面产品的基础版本，也就是最小化可行产品 MVP（minimum viable product）。MVP 是精益创业中的一个关键要素，所谓 MVP，就是用最少的时间和精力投入，做一个最简化的产品，去测试产品的可行性，它不仅是一个最小化的可行产品，更是一个不断优化的过程。MVP 一般有以下四个特点。

1）能够体现项目创意。

2）能够测试和演示。

3）功能极简。

4）开发成本最低甚至是零成本。

举个形象的例子，如图 6.4 所示，建立 MVP 不是每次迭代只做出产品的其中一部分，假设最终产品为一辆汽车，如果第一轮做车轮，第二轮做底盘，第三轮做车身，最后一轮组装成完整的汽车，其中的每一轮其实不能称为迭代，只能看作是一个循序渐进的研发或生产过程。那么怎样才算是构建 MVP 进行迭代呢？每一轮迭代之后，都必须交付一个可用的最小化功能集合，这个集合的功能可以满足用户的基本需求，每一代产品可能并不完善，但至少是可用的。这要求研发团队从给一个具体的用户需求出发，如图 6.4 中的第二行，MVP 的根本在于满足用户出行的“代步”需求。因此，应先发明出滑板，然后有滑板车、自行车、摩托车，最后才是汽车。在这个过程中，每一代产品都能满足用户需求，每一轮迭代在速度、舒适度、外形等方面均有所提升。

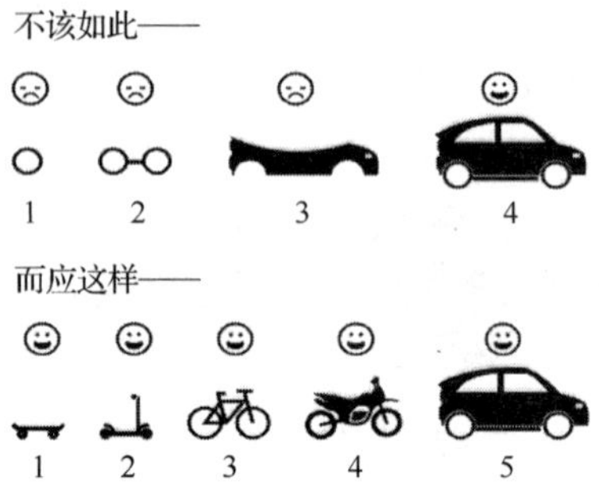

图 6.4　如何建立一个 MVP

（图片来源：https://blog.fastmonkeys.com/2014/06/18/minimum-viable-product-your-ultimate-guide-to-mvp-great-examples。）

利用 MVP，可以让开发团队把注意力放在早期用户最关心的功能上，然后根据用户反馈进行调整。此外，很多时候我们把一个产品做到完美再推向市场所花费的成本太高了，有可能付出了几年时间做出的产品却未能解决真正的用户需求，结果浪费了大量的时间和金钱。然而，MVP 真正的意图在于最小化投入，能够减少产品设计阶段所做的无用功，降低潜在的风险。由于只关注产品的核心功能，借助 MVP 能够快速争取到早期用户，让企业看到产品的潜力和未来发展方向，并在不断的迭代中进一步实现用户愈加丰富的需求。

拓展

MVP 在企业中的应用

电商巨头亚马逊公司最早是一家网上书店。1994 年，其网页内容仅仅是一个书单，用户看中了哪本书就直接下单，然后亚马逊的工作人员在仓库中找到这本书并寄出去。当时，亚马逊甚至还没建立自己的物流管理系统。网页虽然看起来十分朴素，但其中显示了亚马逊库存内的 100 万本书，并且提供了一个目录，用户可以查看书的作者、简介、书名、关键词等。亚马逊的网站简陋却十分清晰，用户可以从中找到线下书店里没有的书，所以非常受欢迎。如今，亚马逊的商品品类已经十分丰富，业务范围也扩展至全球，在《福布斯》发布的 2019 年全球品牌 100 强榜单中，亚马逊名列第三，仅次于苹果和谷歌。

从以上案例我们不难发现，亚马逊产品的特点是在初级阶段的功能非常简单，但却能以最好的方式满足用户以前从未曾被满足的需求，因此吸引了大量用户，并在后续不断完善产品的过程中形成用户黏性，为企业创造了巨大的价值。

（资料来源：作者根据网络相关资料改编。）

在运用迭代式开发法时，一般都需要先生产出 MVP，并且在生产过程中应注意两个关键点：一是它至少要满足用户的一个需求，并且可以满足得比较好，否则它的存在就没有实际意义；二是最小化可行产品要具备最小化和可行性两个要素。最小化的目的是尽可能降低试错成本，快速验证产品能否满足用户需求；而可行性是要确保你的产品可以很好地满足用户需求，而不是为了追求速度发布一个只能解决部分需求的差强人意的产品。在迭代的过程中，需要不断通过用户测试来获取修改建议，同时不断挖掘用户提出的新需求，并在每一轮迭代中不断满足这些需求，让产品不断趋于完美。

在信息化时代，“微信”已经成为大家离不开的社交软件，我们需要用微信来沟通、查看信息、分享生活，当然还有许多人靠微信来谋生。微信给人们带来了极大的方便，但这款产品不是一面市就已经成熟的，其很多功能都是通过一次次产品迭代而实现的。微信的开发团队从一个极简的产品原型开始，也就是提供一个只满足在线社交需求的 MVP，再通过用户的反馈，一步步升级调整，不断突破它既有的功能，从而使用户对它产生依赖。微信作为社交软件的佼佼者，我们可以从它全面的功能迭代历程中学习相应的产品思维。表 6.1 为微信的迭代过程。

表 6.1　微信的迭代过程

版本	增设功能
1.0	免费发信息和图片、组建群聊
2.0	语音功能、附近的人
3.0	“摇一摇”“扫一扫”
4.0	朋友圈并能设置可见权限、有内容的公众号
5.0	绑定银行卡、生活服务
6.0	红包、小视频、微信运动
7.0	小程序、时刻视频、“好看”、“微信强提醒”

本书第五、六章所讲述的从问题探索与原型制作到用户测试与产品开发的内容，实际上就是初创企业验证商业基本假设的过程：通过聚焦最核心的用户，定义最小功能集的产品，再到数据收集与测度，最后是快速学习和迭代，并不断实现对认知的深化，从而以更小的成本开发客户真实需求的产品。

初创企业的风险管理

风险是事物发展的未来结果与人们事先的期望结果产生差异的可能性。或者说，是某事物发展的未来结果的一种不确定性。成熟的企业往往已经形成一套风险预警体系和风险控制体系，可以将这种不确定性带来的不良后果尽可能地弱化，甚至可以直接将不确定性调整为可监管、可把控的部分。但对于初创企业而言，即使商业基本假设已经获得了验证，但在具体实施过程中还有许多未知的方面。因此，风险管理对于初创企业而言是至关重要的一个内容。风险管理是指在一个肯定有风险的环境里，把风险降至最低的管理过程，它一般包含以下四个步骤。

1．风险识别

风险管理的第一步是识别风险。风险具有不确定性和潜在性，它不容易被人们感受到或了解到，因此需要根据某种科学方法去认识和识别风险。风险识别可采取的手段包括：问卷调查、财务报表分析、审查组织的相关数据和文件、对设备和设施的自检、企业内外专家咨询等。

2．风险评估

风险评估就是应用各种概率与数理统计方法，测算出某一风险发生的频率，并估算该风险可能引发的损害程度。风险所带来的损害可能是直接的，也可能是间接的。此外，防范和处理风险所消耗的人、财、物，也应当作为风险评估的重要依据，有助于在面向不同的风险时，对比各个应对策略的投入和产出的价值，并进行科学的决策。

3．风险控制

为了经济有效地控制和降低风险，就必须针对不同性质的风险采取不同的手段或措施，主要包括以下几类。

1）回避。它是指风险的承受人在风险识别和评估的基础上，事先避开风险源或改变行为方式来避免风险可能带来的损失。何时适合采取回避策略呢？在风险评估时，当发现某一风险可能引起的损失大于或等于冒此风险所可能获得的利益时，企业可考虑不采取可能引发风险的行动。

2）预防或抑制。它是指风险承受人直接面对风险采取行动，以减少风险发生的可能性，或是降低风险带来的损失。预防是指直接针对产生损失的原因而采取措施，以消除或减少这些原因。抑制是指采取各种措施降低风险引发的不良影响。

3）自担或保留。有时，高风险伴随着高收益。抱着“搏一搏”的心态，风险承受人往往要自己承担某项风险的部分甚至全部损失，当然自担或保留的部分应当是在经过评估后觉得可接受的部分。

4）转移。它是指个人或团体通过一定的方式将风险转移给其他个人或团体。转移的形式主要有两种：①以保险的形式转移，即通过购买保险，将承担的风险部分或全部转移给承保方。②以非保险的形式转移，即通过合同方式将某些风险责任转移给对方。

4．风险调整

风险调整是指针对不同的风险控制措施的结果进行检查和评估后，对原有的风险管理系统作适当的调整。风险管理者需要通过定时或不定时的检查和评估，来不断完善整个风险管理系统，以确保企业的顺利运营。

风险的类别可以从多个维度进行划分，对于初创企业而言，最常见的风险主要出现

在法律、财务和知识产权这三个层面。表 6.2 列举了初创企业的常见风险，并提出了相应的应对策略。

表 6.2　初创企业的常见风险及应对策略

风险类别	具体内容	应对策略
法律风险	组织形式选择风险：常见的创业组织形式包括个体工商户、个人合伙、个人独资企业、合伙企业、有限责任公司等类型。如果创业者对创业组织形式的债务承担无限或者无限连带责任，则一旦创业失败，创业者将可能倾家荡产	在选择创业组织形式时需要对各种形式有深入的了解，尤其是要明确法律规定的各项责任，再依据自身的具体情况来选择合适的组织形式
	税收和社会保险费的滞纳风险：通常情况下，初创企业需要依法纳税和缴纳各项社会保险费，如果没有及时缴纳就会面临补缴、缴纳滞纳金和罚款等方面的处罚	及时了解相关的法律和政策规定，依法按时缴足各项费用，以免带来不必要的损失
	客户违约风险：创业者在自主创业过程中，除了自身要遵纪守法之外，还要积极防范客户违约等方面的风险，否则可能会蒙受巨大损失	建立客户的信用评价体系，采用灵活多样的付款政策。此外，还要采取各种方法积极促进企业还款，如按收款进度分阶段提交成果、制定罚款条例等
	场地租赁的合同风险：在签订租赁合同时，需要考察出租人是否享有出租房屋的实体权利、租赁房屋的状态及租赁合同的租赁期限，如有不慎，则可能会导致合同无效	签订租赁合同前，应先了解《中华人民共和国民法典》中关于房屋租赁的相关法律规定，仔细检查出租人的相关证明文件和合同细则
财务风险	财务风险是指企业生产经营的资金活动（包括筹资、投资、资金回收和收益分配等）中所面临的风险。对初创企业而言，由于存在各种不确定因素，实际财务状况很可能会偏离预定财务目标，一旦资金链断裂，很可能因此而破产	构建财务风险识别与预警系统，健全资金运营管理制度，监控资金的流向和流量，按预算供应和配置使用，保证资金正常运作，提高资金使用效率，实现资金价值最大化
知识产权风险	知识产权活动已成为企业经营活动中常见的经济行为，商标、专利、商业秘密等知识产权已被视为企业利益冲突的焦点，成为企业纠纷的导火索。对初创企业而言，高新技术或创新内容是其核心竞争力，对知识产权的保护应当更加重视	实施有效的知识产权管理，逐步建立知识产权分析评审机制，积极申请知识产权和专利，并建立完备的管理档案以作为防卫侵权诉讼的重要原始依据。对合作方和员工也要采取必要的合同约束，预防泄密

（资料来源：佚名，2014．风险管理理论[EB/OL]．http://www.jianshe99.com/wuyeguanlishi/fuxi/re2014111414163246117576.shtml．节选，有改动。）

对项目进行测试和迭代

所需材料：签字笔、彩色笔、A4 纸。

活动时间：45 分钟。

第五章中我们已经明确了项目主题，并绘制出了项目原型，学习完本章内容后，需要学生进行用户测试和产品迭代。在课堂上，以小组为单位进行交叉访谈。

具体步骤如下。

1）各小组围绕自己的项目设计一份访谈大纲。（时间：5 分钟）

2）小组内进行人员分工。首先，每组需要挑选一名成员作为“意见领袖”，“意见领袖”应对其他各组的项目有基本的了解。在剩下的成员中，角色包含：主访者、记录者、摄影者、录音者。应安排一个人为主访者；记录者可由多人担当，采访中应记录关键信息并提醒主访者是否有遗漏的方面；摄影者和录音者可为同一人，也可分开。（时间：3 分钟）

3）“意见领袖”来到台前，表达自己对哪个小组的项目更感兴趣，选择 1～3 个意向项目。每个小组通过洽谈的方式，选择“意见领袖”成为自己的“用户”，每个小组都需要配对一名“用户”。（时间：洽谈阶段 5 分钟）

4）每个小组在进行访谈时，要注意完整记录下访谈情境和访谈内容，从“用户”的观点中总结出关键要点，并罗列出来。（时间：10 分钟）

5）访谈结束后，“意见领袖”回到原来的团队，各小组根据访谈结果对最初绘制的原型进行第一次的迭代，并选择一名成员上台汇报本次访谈的收获，并展示迭代成果。（时间：讨论阶段总共 5 分钟，汇报阶段每人 1 分钟）

课后案例

贴合中国家庭的方太水槽洗碗机

当国内洗碗机行业陷入传统思维定式，面对发展“天花板”难以突破的困境时，2015 年初方太厨具独辟蹊径，以跨界融合和一体化创新全球首创水槽洗碗机，实现洗碗机、果蔬净化机、水槽三合一，不仅能洗碗，还能高效去除果蔬表面农药残留，通过在空间上做减法、在功能上做加法的原创性发明，为行业开启了无边界渗透与发展的新通道，引领中国家庭步入高品质的洗净一体化健康生活。

方太这项原创发明看似横空出世，实则背后经历漫长的创新沉淀，其关键秘诀是对用户体验的高度重视。

中国作为美食大国，日常的烹饪方式独具多样性（煎、炒、炸、煮、蒸、焖、炖），由此也产生了用餐后更复杂的清洗需求。一直以来，中国厨房的清洗工作主要采取手洗的方式。尽管传统的欧式洗碗机进入中国市场的时间长达 20 多年，但因为清洗效果差、安装复杂、占地方、不实用等原因，在中国厨房中遭遇“水土不服”，普及率还不到 1%，远不及西方发达国家 60%～70%的家庭普及率。

那么，如何对传统洗碗机进行新一轮改革，打造专属中国厨房的洗碗机产品？

实际上，中国人并不是不能接受洗碗机这一舶来品，相反许多中国家庭都想在饭后解放自己的双手，享有更多可自由支配的时间。为此，方太组建了一支技术团队，通过走访国内 25 个城市的 1000 多户家庭，邀请其中 25 位“资深洗碗家”共同参与产品的研发设计，并从不同地区的饮食习惯入手，进行了上千种类型碗筷的清洗实验和测试，前后花了 5 年时间，最终设计出满足中国家庭厨房清洗需求的洗碗机——方太水槽洗碗机。

方太水槽洗碗机的机体设计和功能，无一不是针对中国市场的消费痛点。洗碗机、果蔬净化机、水槽三合一的设计能够最大限度地利用原有的水槽空间，丰富厨房的功能。

针对中国家庭使用后的餐具普遍比欧美家庭油腻的特性，旋风级水流喷射系统和高达70℃的高温清洗，可以轻松分解油污。高达90%的超声波去除果蔬农药残留的功能，恰恰满足了国人对食品安全的担忧，以及对品质生活的追求。为了方便老年人使用，水槽洗碗机采用了不用弯腰或下蹲即可操作的顶部开门设计，更具人文关怀。另外，除菌、易清洁渣篮设计、低能耗、智能化等差异性的功能创新，更是让国人深深地爱上了这款专为中国人设计的洗碗机。

从开山之作——方太水槽洗碗机Q1的亮相，到"学会做减法"的Q2，再到百变又超能的Q5，以及开启智能清洗时代的Q7，每一代产品都体现出厨电专家方太倡导高端、高品质生活的理念。方太创新的脚步从未停止，进一步开辟了线上销售渠道，推出性价比超高的X系列。2021年3月，方太全新推出应用"高能气泡洗"科技成果的水槽洗碗机新品E9，再一次撬动中国家庭机洗体验的深度技术变革，从原先的简单水洗升级为"高能气泡洗"，在清洁功能、安全防护、节能环保和体验习惯上渐臻极致，可谓开启了洗碗机2.0时代。

据中怡康数据显示，2020年上半年，方太水槽洗碗机在8000元以上的高端洗碗机市场零售额占比高达35%，与美的、华帝等本土品牌并驾齐驱，共同抢占德国品牌西门子的市场。方太致力于打造中国人自己的水槽洗碗机，看到并匹配了中国家庭的餐饮习惯和厨房特点，通过不断测试和市场反馈，持续进行产品迭代，树立竞争优势。这样的方太将走得更远，将会赢得更多用户的信任和拥戴。

（资料来源：家电业超级符号诞生：水槽洗碗机就是方太[EB/OL]. http://www.cinic.org.cn/hy/zh/414920.htmL.节选，有改动。）

思考

在方太水槽洗碗机的研发过程中，有哪些步骤是必不可少的？为什么？

课后任务

1．预测项目的风险

初创企业项目必将面临各种各样的风险，请各个小组根据项目的实际情况，预计未来可能遇到的风险，并提出相应的应对策略。

实践：请相对应完成实践模块的"第7部分　风险管理"（第167页）。

2．访谈并制定发展规划

在课堂上，各个小组已经对项目进行了一次迭代，但迭代是一个需要多次循环的过程。因此在课后，需要各个小组另外选出3名自身产品在现实情境下的目标客户，并进行访谈。同样需要进行大纲设计、人员分工、记录和整理等工作。需要注意的是，在访谈前应先说明本次访谈的目的，并简单介绍自己的项目或产品；在进行访谈摄影或录音前，也要先征得访谈对象的同意。

访谈结束后，需要针对各个访谈对象表述的观点总结出关键点，从中挑选出有价值的部分，归纳形成迭代内容，并对产品进行二次迭代。此外，还要做好项目的未来发展规划，即以时间段为划分依据，阐述在各个阶段依次为产品添加哪些新的功能，以及创业团队为了实现这些功能，需要完成哪些任务等。

下节课，各小组将以“PPT（或 PDF）+演讲”的形式展示二次迭代成果和未来发展规划，每组限时 3 分钟。需要说明的内容包括：

1）采访的对象是谁？

2）他们提出了哪些有用的观点？

3）二次迭代做出了哪些改进？

4）迭代后的产品具备哪些新的优点？

5）未来发展规划（对生产、研发、测试、优化、推广、销售等方面的宏观思考）。

实践：请相对应完成实践模块的“第 8 部分　发展规划”（第 168 页）。

学习提升

1. 怎样才能获取到自己需要的天使用户？
2. 本章介绍的几种用户测试的方法各自适用于什么情况？
3. 如何让产品得到最有效的开发？
4. 如何保证产品的迭代方向是正确的？

本章小结

本章主要介绍了用户测试和产品开发两部分内容。用户测试部分，主要介绍了天使用户的概念及建立社群、用户访谈、众筹、投放线上广告、小规模用户测试这五种用户测试的方法。产品开发部分，主要介绍了两种重要的产品开发方法：瀑布式开发法和迭代式开发法。通过课堂及课后活动，学生能够体验到用户访谈的一系列要素，并在获取用户意见反馈后，进一步对小组项目进行迭代。

本章的重点是理解并运用好用户测试的五种方法，难点是如何对产品进行迭代开发。

第七章

商业模式——让我飞得更高

学习目标

1. 理解商业模式的概念。
2. 理解商业模式画布九个构造块的内容和它们之间的联系。
3. 能够熟练运用商业模式画布。
4. 掌握四种常见的商业模式，并进行典型案例分析。
5. 学会运用创意构思来优化商业模式。

导入案例

阿里巴巴和中国六家上市航空公司的财务数据对比

1999 年，阿里巴巴从一个 B2B 电子商务网站起家，如今已成为网上及移动商务的全球知名企业。论及中国航空运输业的发展，则可以追溯到 1929 年，目前中国的航空运输业在全世界处于领先地位，中国国航、南方航空、东方航空、海南航空、春秋航空和吉祥航空，是中国的六家上市航空公司。可以说，中国航空运输业目前的发展已经十分成熟，那么该行业下的公司，其经营状况及公司市值会是多少呢？与创立不到 30 年的阿里巴巴相比又如何呢？表 7.1 为中国六家上市航空公司与阿里巴巴的财务数据对比。

表 7.1　中国六家上市航空公司与阿里巴巴的财务数据对比

单位：亿元人民币

公司名称	营业收入		市值
	2017 年	2018 年	
中国六家上市航空公司	4339	4906	3862
阿里巴巴	2503	3768	30824

注：① 市值为 2019 年 10 月 20 日统计数据。

② 阿里巴巴在美国上市，财务年报统计周期为上年 4 月 1 日～当年 3 月 31 日。表格中阿里巴巴 2017 年营业收入引用其 2018 财年数据，统计周期为 2017 年 4 月 1 日～2018 年 3 月 31 日；同理，2018 年营业收入引用其 2019 财年数据。

从营业收入来看，阿里巴巴作为较年轻的公司，其数值并没有超过中国六家上市航空公司之和。但 2017～2018 年阿里巴巴呈现快速增长的趋势，而六家上市航空公司的总营业收入趋于稳定，没有较大变化。

下面再来看市值对比。市值是指上市公司按市场价格计算出来的股票总价值，是一种度量公司资产规模的方式。据 2019 年 10 月 20 日的数据统计，中国六家上市航空公司的市值总和为 3862 亿元人民币，而阿里巴巴的当日市值数据为 4403 亿美元（约合 30824 亿元人民币）。显然，二者的数值存在较大差距，阿里巴巴的市值相当于六家航空公司总市值的 7 倍多。由此可见，阿里巴巴企业规模何其庞大。

从营业收入来看，阿里巴巴的数据在快速增长；而从市值来看，其庞大的市值远远超过中国六家上市航空公司。造成这种差距的原因到底是什么呢？已经有百年发展历史的行业，为什么难以与发展不到 30 年的一家新兴互联网公司匹敌？实际上，这就是商业模式差异所造成的，六家航空公司采取的是较为传统的商业模式，而阿里巴巴却采用了新兴的商业模式，通过打造一个多方共同合作、互利共赢的线上购物平台，促进了其自身的高速增长，阿里巴巴当前的业务范围也在不断扩展，涉及金融、物流、云服务等多个版块。从以上对比可见，商业模式对公司发展的重要性。

思考

阿里巴巴集团的市值为什么比中国六家上市航空公司的市值总和还要多？

第一节　商业模式理论解读

一、商业模式的概念

商业模式是一个公司获得利润的途径或方式。从本质上来说，商业模式就是企业为客户创造并传递价值，使客户感受并享受企业为其创造价值的系统逻辑。

二、商业模式的四个维度

为了更深入地了解商业模式，我们把它分成四个维度：价值体现、价值创造、价值传递和企业盈利，如图 7.1 所示。

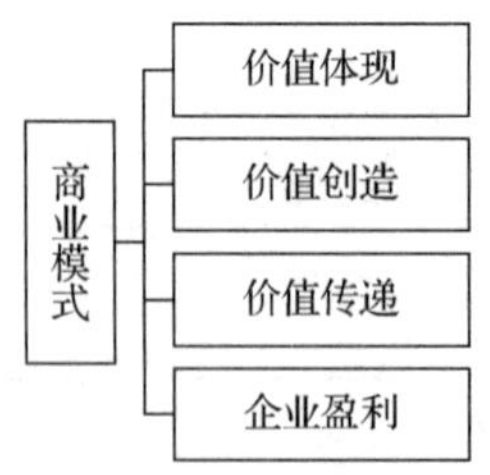

图 7.1　商业模式的四个组成维度

1）价值体现。它是指企业拟为客户创造并传递的价值。

2）价值创造。它是指企业构建的平台、资源和流程等。

3）价值传递。它是指通过相关平台、渠道，将企业价值传递给目标客户群的过程。

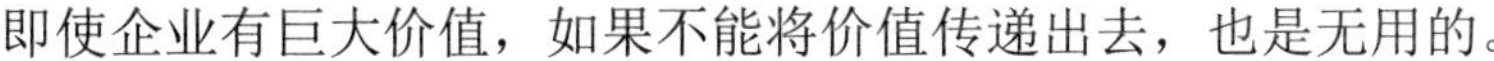

即使企业有巨大价值，如果不能将价值传递出去，也是无用的。

4）企业盈利。它是指企业获取利润的方式。

第二节　商业模式工具——商业模式画布

一、商业模式画布的概念

商业模式画布是由亚历山大·奥斯特瓦德（Alexander Osterwalder）和伊夫·皮尼厄（Yves Pigneur），与超过40位参与者共同开发的一个简单易用的商业模式设计工具。创始人对商业模式画布的定义是：一种用来描述商业模式、可视化商业模式、评估商业模式及改变商业模式的通用语言。

二、商业模式画布的组成

商业模式画布由九个构造块组成，分别为：客户细分、价值主张、渠道通路、客户关系、收入来源、核心资源、关键业务、重要合作和成本结构。按照以上顺序解读商业模式画布，便可展示企业创造价值的商业逻辑。商业模式画布对于创业者的重要性在于：催生创意、降低猜测、确保创业者找准目标用户、合理地解决问题。

图7.2是商业模式画布模板。

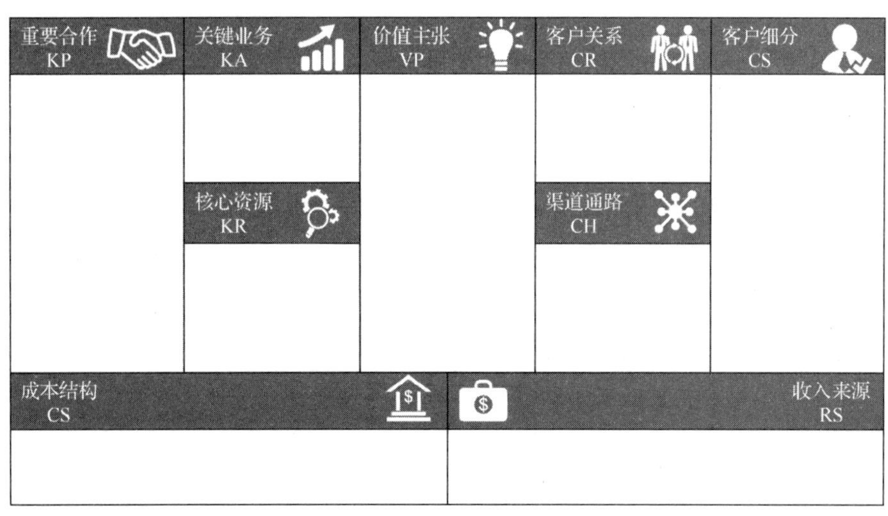

图7.2　商业模式画布模板

将九个构造块按商业逻辑顺序分别展开，可依次进行以下解读。

1. 客户细分

客户细分（customer segments，CS）是指企业或机构所服务的一个或多个客户分类群体。企业可以按地域、年龄、性别、收入、职业、文化程度、生活方式等对客户进行细分。为了满足客户的需求，企业要清楚是为哪一个客户群体提供产品或服务。

2．价值主张

价值主张（value propositions，VP）是指客户从企业提供的产品或服务中期望得到的收益。价值主张被认为是商业模式中最重要的环节，它值得创业者花更多的时间去思考和设计。

3．渠道通路

渠道通路（channels，CH）是指如何沟通、接触客户细分群体而传递价值主张。渠道通路要求创业者思考把产品或服务转移到客户细分群体的具体路径是什么。

4．客户关系

客户关系（customer relationships，CR）是指把产品传递给消费者的同时，创业者还要明确如何与客户建立关系，包括获得和维系与客户的关系。驱动创业者做好客户关系的动机包括：获取客户、维护客户关系、进一步提升销量等。

4P 营销理论

渠道通路其实属于市场营销的一部分，它是让客户了解、体验、信任或购买产品和服务的通道。市场营销是指在适当的时间和地点，以适当的价格、信息沟通和促销手段，向适当的消费者提供市场的产品或服务。

在市场营销领域有一个著名的理论——4P 营销理论，该理论最早是由被誉为“现代营销学之父”的菲利普•科特勒（Philip Kotler）在其 1967 年撰写的《营销管理：分析、规划与控制》第一版中所提出的一种营销组合方法。“4P”即四个基本策略的组合，它们分别是产品（product）、价格（price）、渠道（place）和宣传（promotion）。表 7.2 为 4P 营销理论简介。

表 7.2　4P 营销理论简介

4P 策略	内涵解释	涉及内容	相关问题
产品策略	主要是指企业以向目标市场提供的各种符合消费者需求的有形产品或无形产品来实现其营销目标。企业应当把市场和消费者对产品功能的诉求放在第一位，并为产品塑造一个独特的卖点	产品品种、规格、式样、质量、包装、特色、商标、品牌及各种服务措施等	• 产品具备哪些功能？ • 产品具有哪些特点？ • 产品的性能和质量如何？ • 产品的外观和包装如何？ • 产品有哪些配套的服务措施？

续表

4P 策略	内涵解释	涉及内容	相关问题
价格策略	主要是指企业以按照市场规律制定价格或变动价格等方式来实现其营销目标。根据不同的市场定位，应制定不同的价格策略，价格与品牌息息相关，品牌的含金量是定价的重要依据	基本价格、折扣价格、津贴、付款期限、商业信用及各种定价方法和定价技巧等	• 顾客可以接受的价格是多少？ • 企业应该从中获得多少利润？ • 定价是否符合公司的竞争策略？ • 定价的相关影响因素，如税率、节日、稀有度、保质期等，是否都已考虑在内？
渠道策略	主要是指企业以合理地选择分销渠道和组织商品实体流通的方式来实现其营销目标。很多企业并不直接面对消费者，二者之间可能存在多个经销商和销售网络的建立，企业与消费者之间的联系就是依靠这些渠道建立起来的	渠道覆盖面、商品流转环节、中间商、网点设置、储存运输等	• 如何将产品顺利送抵消费者的手中？ • 在这个过程中需要经历哪些渠道？ • 如何打通这些渠道？ • 如何维护这些渠道？
宣传策略	主要是指企业以利用各种信息传播手段刺激消费者购买欲望，促进产品销售的方式来实现其营销目标。不能简单地把宣传策略理解为促销，而应当考虑更广义的营销行为	产品或品牌宣传、广告、人员推销、营业推广、公共关系、促销等	• 哪一种宣传方式更适用于产品或品牌？ • 企业是否能够为宣传投入各种资源？ • 这些宣传能产生怎样的效果，是否能将信息传递给消费者以促进其消费行为？ • 这些宣传策略是否会影响企业形象？

（资料来源：https://baike.baidu.com/item/4P%E8%90%A5%E9%94%80%E7%90%86%E8%AE%BA/5732385?fr=aladdin. 略有改动。）

5. 收入来源

收入来源（revenue streams，RS）是指从不同客户细分群体中获取的收入。收入的来源有：资产销售、使用收费、租赁收费、授权收费、广告收费、中介收费等。

6. 核心资源

核心资源（key resources，KR）是指让商业模式有效运作所必需的最重要的资源，这是商业模式的基础。核心资源可以分为有形资源、无形资源和人力资源。这里需要强调以下三点。

1）核心资源可以是自有的，也可以是从重要合作者那里获得的。

2）不同的商业模式，所需的核心资源也会不同。

3）创业者应该非常清楚创业项目的核心资源所在。

7. 关键业务

关键业务（key activities，KA）是指为了确保商业模式可行，企业必须做的最重要的事情，包括生产制造、产品研发和市场营销。企业可以运用一种商业模式优化工具——价值链模型，帮助创业者认清这些最重要的事情是什么。

拓 展

价值链模型

价值链（value chain）这一概念最早由迈克尔·波特于 1985 年提出。波特认为：每一个企业都是在设计、生产、销售、发送和辅助其产品的过程中进行种种活动的集合体。所有这些活动可以用一个价值链来表明。通过一系列互不相同但又相互关联的生产经营活动，共同构成一个创造价值（对企业而言是产生利润）的动态过程，这便是价值链。这些活动可分为基本活动和支持活动两类。图 7.3 为价值链模型。

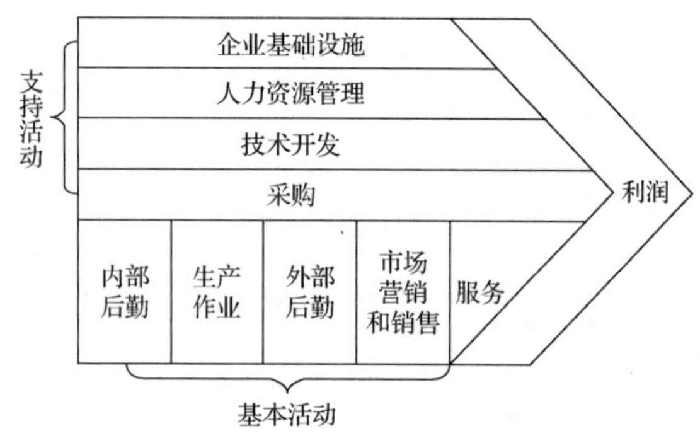

图 7.3　价值链模型

价值链的基本活动包括内部后勤、生产作业、外部后勤、市场营销和销售、服务。

1）内部后勤：与产品投入有关的进货、仓储和分配等活动，如原材料的装卸、入库、盘存、运输及退货等。

2）生产作业：将投入转化为最终产品的活动，如机器加工、装配、包装、设备维修、检测等。

3）外部后勤：与产品的库存、分送给购买者有关的活动，如最终产品的入库、接受订单、送货等。

4）市场营销和销售：与促进和引导购买者购买企业产品有关的活动，如广告、定价、销售渠道等。

5）服务：与保持和提高产品价值有关的活动，如培训、修理、零部件的供应、产品的调试等。

价值链的支持活动包括企业基础设施、人力资源管理、技术开发、采购等。

1）企业基础设施：包括企业的组织结构、惯例、控制系统、文化等。

2）人力资源管理：指企业对职工的管理，包括企业职工的招聘、雇用、培训、提拔、退休等各项管理活动。

3）技术开发：可以改进企业产品和工序的一系列技术活动。从广义上讲，既包括生产性技术，也包括非生产性技术。

4）采购：指的是采购企业所需投入品的职能，而不是被采购的投入品本身。采购是广义的，既包括生产原材料的采购，也包括其他资源投入的管理。

（资料来源：作者根据网络相关资料改编。）

8．重要合作

重要合作（key partnerships，KP）是指商业模式有效运作所需的供应商与合作伙伴的网络。重要合作关系有以下类型：战略联盟（这种联盟可能出现在竞争者或非竞争者之间）、合资关系、可靠的供求关系、竞争者之间的合作关系。

9．成本结构

成本结构（cost structure，CS）是指运营一个商业模式所引发的所有成本。简单而言，成本结构包括固定成本和可变成本两大类。

图 7.4 为商业模式画布的九个构造块。

<table>
<tr><td>重要合作
KP</td><td>关键业务
KA</td><td>价值主张
VP</td><td>客户关系
CR</td><td colspan="2">客户细分
CS</td></tr>
<tr><td rowspan="3">• 竞争者或非竞争者之间的战略联盟关系
• 可靠的供求关系
• 竞争者之间的合作关系
• 合资关系</td><td>• 生产制造
• 产品研发
• 市场营销</td><td rowspan="3">• 新颖性
• 性能
• 品牌
• 价格
• 便利性</td><td>• 个人助理
• 自助服务
• 自动化服务
• 社区服务</td><td colspan="2" rowspan="3">• 地域
• 年龄
• 性别
• 收入
• 职业
• 文化程度
• 生活方式</td></tr>
<tr><td>核心资源
KR</td><td>渠道通路
CH</td></tr>
<tr><td>• 有形资源
• 无形资源
• 人力资源</td><td>• 自有渠道
• 合作伙伴渠道</td></tr>
<tr><td colspan="3">成本结构
CS</td><td colspan="3">收入来源
RS</td></tr>
<tr><td colspan="3">• 固定成本
• 可变成本</td><td colspan="3">• 资产销售
• 使用收费
• 租赁收费
• 授权收费
• 广告收费
• 中介收费</td></tr>
</table>

图 7.4　商业模式画布的九个构造块

三、商业模式画布应用案例——解读某无人机公司的商业模式画布

1．价值主张

该无人机公司是无人飞行器控制系统及无人机解决方案的研发和生产商。该公司通过持续创新，为无人机工业、行业用户及专业航拍应用提供性能最强、体验最佳的智能飞控产品及解决方案。同时，通过技术的不断改进，努力将无人机带到普通消费者手中，使无人机不再是少数人的专利。

2．客户细分

1）消费级无人机客户。这类客户包括户外运动爱好者、普通消费者等。最早的消费级无人机是航模，主要面向专业玩家，其市场空间小；后来推出面向普通玩家的无人机，大幅降低了无人机的使用难度，迅速席卷了户外运动爱好者市场。

2）专业无人机客户。这类客户包括电影工作团队、专业航拍摄影师等。

3）行业应用级无人机客户。例如，农业植保无人机客户为农业领域的从业人员。

3．渠道通路

1）官方直营渠道。这类渠道包括线上官方自建商城（如天猫、京东官方旗舰店）及线下官方旗舰店。

2）授权零售店。授权零售店相比于设立旗舰店，不仅可以节约很多成本，而且可以帮助企业扩大产品影响范围，增强品牌知名度。

3）农业植保机代理商。这类渠道一般与农机公司合作。

4．客户关系

该无人机公司在自己的官方网站设有社区模块，如天空之城、品牌社区、开发者等。天空之城汇聚了世界各地的航拍摄影师、拍手叫绝的航拍作品与独具价值的航拍攻略。品牌社区是用户之间进行技术交流、航拍作品分享、航拍无人机教程讨论的平台。

5．收入来源

1）硬件销售。该无人机公司的主要收入来源为销售无人机产品。

2）无人机技术解决方案。基于该无人机公司先进的技术优势，为其他行业的无人机公司提供技术支持。

6．关键业务

该无人机公司的关键业务可以概述为：研发+生产+电子商务+线下商店+物流配送+售后服务。具体来说，通过市场调研获取用户需求，研发人员根据市场信息进行研发；产品通过媒体、网络、实体店等途径进行营销展示；当消费者有需求时，可以利用手机等移动终端或到旗舰店、授权零售店购买；基于信息系统，对每一件产品进行跟踪服务，并提供无人机保险，其目的是让顾客买的放心、用的安心。

7．核心资源

无人机属于科技创新型产品，从其他相关产品的商业模式来看，无人机企业最重要的核心资源是：无人机研发团队、无人机飞控系统、飞行影响系统、稳定的供应链等，以及依托我国制造业优势建立起来的供应链。

8．重要合作

下面为该无人机公司的重要合作伙伴描述。

1）授权经销商：负责产品的销售与品牌宣传。

2）物流服务提供商：负责运输、仓储、包装、配送等。

3）视频服务网站：将无人机拍摄的视频、图片上传网络与大家分享。

4）软件开发商：根据该公司开放的 SDK，开发者可以在这些平台上根据其他行业领域和场景开发适应性的应用。

5）零配件供应商：负责产品零配件的供应。

6）航拍影像服务商：负责为该无人机公司提供航拍影像器材和技术解决方案。

7）网上商城：负责该公司系列产品的销售、服务、咨询等。

9．成本结构

该无人机公司的主要成本结构，可以分为以下几个方面。

（1）研发成本

无人机研发作为高科技型的生产活动，研发投入在总成本中占很大比重。

（2）采购成本

采购成本包括购买原材料部件相关的物流费用、采购订单费用等。通过集中采购的规模优势，容易与供应商达成长期合作，以保证产品质量。

（3）运营成本

通过管理信息系统统一管理及流程的标准化，可以更好地控制成本，降低运营成本。

图 7.5 为某无人机公司的商业模式画布。

<table>
<tr><td>重要合作
KP</td><td>关键业务
KA</td><td>价值主张
VP</td><td>客户关系
CR</td><td>客户细分
CS</td></tr>
<tr><td rowspan="3">• 授权经销商
• 物流服务提供商
• 视频服务网站
• 软件开发商
• 零配件供应商
• 航拍影像服务商
• 网上商城</td><td>• 开发
• 生产
• 电子商务
• 线下商店
• 物流配送
• 售后服务</td><td rowspan="3">• 为顾客提供性能最强、体验最佳的智能飞控产品及解决方案</td><td>• 天空之城
• 品牌社区</td><td rowspan="3">• 消费级无人机客户
• 专业无人机客户
• 行业应用级无人机客户</td></tr>
<tr><td>核心资源
KR</td><td>渠道通路
CH</td></tr>
<tr><td>• 无人机研发团队
• 无人机飞控系统
• 飞行影响系统
• 稳定的供应链</td><td>• 官方直营渠道
• 授权零售店
• 农业植保机代理商</td></tr>
<tr><td colspan="3">成本结构
CS</td><td colspan="2">收入来源
RS</td></tr>
<tr><td colspan="3">• 研发成本
• 采购成本
• 运营成本</td><td colspan="2">• 硬件销售
• 无人机技术解决方案</td></tr>
</table>

图 7.5 某无人机公司的商业模式画布

第三节　商业模式的类型

商业模式的主要类型有长尾式商业模式、多边平台式商业模式、免费式商业模式和开放式商业模式。下面分别介绍各种类型的商业模式及其特点。

一、长尾式商业模式

1．长尾式商业模式的概念

长尾式商业模式是指企业由向大量用户销售少数产品，到销售满足庞大类别客户的需求产品的转变，而每种产品都只产生小额销售量。简单而言，即多样少量的商业模式。该模式有两个核心点：一是多样、少量，即非常多的品种，但每种的量非常少；二是多样的产品满足不同的细分市场，而每一个细分市场的需求量都不高。

长 尾 理 论

长尾式商业模式的依据是长尾理论。“长尾”这一概念是由《连线》杂志主编克里斯 •安德森最早在 2004 年提出，用来描述诸如亚马逊和 Netflix 之类网站的商业和经济模式。

长尾理论是指只要产品的存储和流通的渠道足够大，需求不旺或销量不佳的产品所共同占据的市场份额可以和那些少数热销产品所占据的市场份额相匹敌，甚至更大。简单来说，即众多小市场汇聚成可产生与主流相匹敌的市场能量。

过去，人们习惯性地把目光聚焦于重要的人和事。如果用正态分布曲线（图 7.6）来描绘这些人和事，大多数人只能关注曲线“头部”具有更高价值的主要部分，而忽略了曲线“尾部”的次要部分，但实际上“尾部”所产生的总体效益甚至有可能超过“头部”。随着网络时代的到来，线上关注的成本大大降低。因此，安德森认为，网络时代是关注“长尾”，发挥“长尾”效益的时代。

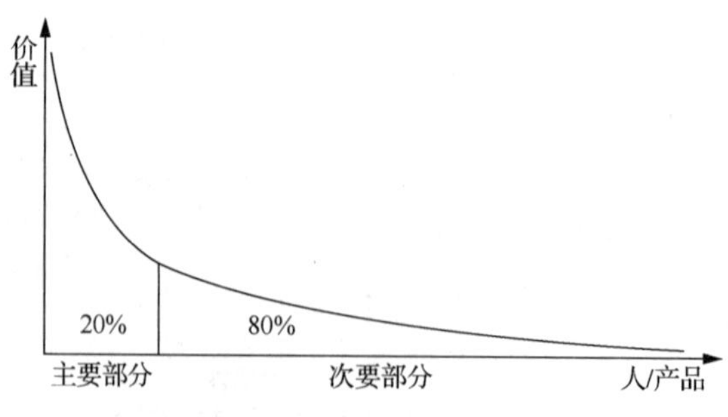

图 7.6　长尾理论示意图

（资料来源：https://baike.baidu.com/item/长尾理论/1002?fr=aladdin．节选，有改动。）

2．长尾式商业模式的案例——解读乐高的商业模式画布

乐高集团（以下简称“乐高”）是世界著名的玩具制造商，乐高积木以其独特的创造性和趣味性而风靡全球，其品牌 LEGO 来自丹麦语“LEg GOdt”，意为“play well”（玩得好），这一核心价值理念也获得世人的好评。随着我国教育行业的蓬勃发展，乐高玩具的教育理念也得到了进一步的推广。2018 年 12 月，乐高入围 2018 世界品牌 500 强。

2008 年，乐高在日本推出了乐高创意平台——LEGO IDEAS，并于 2011 年推出全球版。在网站上，用户很方便就能注册一个账号，提交自己设计的方案说明（提交的方案必须非常详细，包括图片、说明等内容），粉丝将对这些业余设计师的新套件创意进行投票。任何获得 10000 张选票的创意都会进入审核阶段，然后乐高会决定哪些可以进入生产阶段。目前为止，该流程已创作出十几个可用的套件，包括由女性科学家组成的模型试验室和大爆炸理论公寓。乐高也积极和外部合作（如麻省理工学院媒体实验室），借助外部的研发力量缩短开发时间。乐高把被动的客户变成了主动的设计者，让每一个人都有可能成为产品设计师，参与到乐高的设计体验中。这样一个开放式的顾客共创平台，成功地缩短了产品开发时间，由原来的 24 个月降至 9 个月，同时也大大提升了顾客满意度。图 7.7 为乐高创意平台的商业模式画布。

重要合作 KP	关键业务 KA	价值主张 VP	客户关系 CR	客户细分 CS
• 设计者（设计师和客户）	• 提供管理平台和物流服务 • 为客户交付定制的乐高积木套件	• 让客户发明和设计自己的积木套件	• 社区服务	• 对自主设计的产品感兴趣的客户
	核心资源 KR		渠道通路 CH	
	• 庞大的粉丝群 • 乐高工厂的供应链		• 网络平台	
成本结构 CS			收入来源 RS	
• 改造供应链			• 在线销售	

图 7.7　乐高创意平台的商业模式画布

3．长尾式商业模式画布的式样

商业模式式样是指在描述商业模式时，类似商业模式的集合，它们之间的构造块都有共通点。例如，在同一类型的商业模式中，不同公司的具体表现各不相同，但它们的商业模式画布中的某些构造块可能会存在共通之处。因此，把这些相似的内容放在一个商业模式画布中，就构成了同一类型商业模式的式样。学习商业模式式样，能够帮助创业者更好地了解这一种类型的商业模式。在长尾式商业模式中，市场上有大量不同需求的客户群体，企业可以专注于多个客户细分群体，为他们提供广泛的产品或服务。图 7.8 为长尾式商业模式画布式样。

<table>
<tr><th>重要合作
KP</th><th>关键业务
KA</th><th>价值主张
VP</th><th>客户关系
CR</th><th>客户细分
CS</th></tr>
<tr><td rowspan="3">• 小众内容供应商</td><td>• 平台开发和维护
• 小众内容的获取和生产</td><td rowspan="3">• 提供广泛种类且非主流的产品，可以让这些产品和主流展品共同展示给客户，或采取用户自生成内容的模式来推广这些“长尾”产品</td><td>• 促进用户自生成，共同创作</td><td rowspan="3">• 小众市场
• 大量拥有不同需求的群体</td></tr>
<tr><td>核心资源
KR</td><td>渠道通路
CH</td></tr>
<tr><td>• 平台</td><td>• 基于互联网作为客户关系和交易渠道</td></tr>
<tr><td colspan="2">成本结构
CS</td><td colspan="3">收入来源
RS</td></tr>
<tr><td colspan="2">• 平台开发和维护</td><td colspan="3">• 大量产品带来小额收入的集合
• 广告、销售或订阅</td></tr>
</table>

图 7.8　长尾式商业模式画布式样

二、多边平台式商业模式

1．多边平台式商业模式的概念

多边平台式商业模式是指将两个或更多有明显区别但又相互依赖的客户群体集合在一起，通过促进客户群体之间的互动来创造价值的商业模式。只有相关客户群体同时存在的时候，这种类型的商业模式才具有价值。

2．多边平台式商业模式的案例——解读微医的商业模式

微医是我国移动互联网医疗健康服务平台，借助云计算、大数据、人工智能技术，为政府、医院、基层医疗机构和医疗健康企业提供一站式、多场景的云化解决方案。例如，助力政府开展家庭医生签约服务，帮助医院、医生提升医疗诊治能力，与药企、保险企业等机构打造医疗健康产业链，完善中国基层医疗卫生服务体系，为家庭提供连续、主动、全程的家庭医疗健康服务等。图 7.9 为微医的商业模式画布。

<table>
<tr><th>重要合作
KP</th><th>关键业务
KA</th><th>价值主张
VP</th><th>客户关系
CR</th><th>客户细分
CS</th></tr>
<tr><td rowspan="3">• 政府部门
• 医疗机构
• 药企
• 金融机构</td><td>• 平台运营
• 合作医院开发</td><td rowspan="3">• 更便捷的就医体验
• 网络问诊
• 实现数据的互联互通
• 庞大的用户流量</td><td>• 自助服务
• 自动化服务
• 个人助理</td><td rowspan="3">• 患者
• 入驻医生
• 医疗机构
• 金融机构
• 药企</td></tr>
<tr><td>核心资源
KR</td><td>渠道通路
CH</td></tr>
<tr><td>• 医疗大数据
• 分析研发团队
• 用户基数</td><td>• 网站、App
• 医疗机构
• 销售团队</td></tr>
</table>

图 7.9　微医的商业模式画布

成本结构 CS	收入来源 RS
• 营销推广 • 技术开发 • 人力成本	• 免费 • 入驻医生与医疗机构的中介收费 • 金融服务费 • 药品销售

图 7.9 （续）

3. 多边平台式商业模式画布的式样

多边平台所创造的价值通常体现在三个方面：①吸引不同的客户群体；②将客户群体进行匹配；③通过平台提供的交易渠道降低客户群体之间的交易成本。图 7.10 为多边平台式商业模式画布式样。

<table>
<tr><td colspan="2">重要合作
KP</td><td colspan="2">关键业务
KA</td><td colspan="2">价值主张
VP</td><td colspan="2">客户关系
CR</td><td colspan="2">客户细分
CS</td></tr>
<tr><td colspan="2" rowspan="3"></td><td colspan="2">• 平台管理
• 平台推广</td><td colspan="2" rowspan="3">• 创造更好的平台以满足多个群体的需求</td><td colspan="2"></td><td colspan="2" rowspan="3">• 多个客户细分群体</td></tr>
<tr><td colspan="2">核心资源
KR</td><td colspan="2">渠道通路
CH</td></tr>
<tr><td colspan="2">• 企业所提供的平台</td><td colspan="2"></td></tr>
<tr><td colspan="5">成本结构
CS</td><td colspan="5">收入来源
RS</td></tr>
<tr><td colspan="5">• 开发和维护平台的成本</td><td colspan="5">• 不同的客户细分群体产生的不同收入</td></tr>
</table>

图 7.10 多边平台式商业模式画布式样

三、免费式商业模式

免费式商业模式包括三种形式：免费增收、免费平台和诱导式。

1. 免费增收

（1）免费增收商业模式的概念

免费增收就是大量的基础用户受益于没有任何附加条件的免费产品或服务，而企业通过另外的增值服务来获得收益的商业模式。

（2）免费增收商业模式的案例——解读爱奇艺的商业模式

爱奇艺在视频付费上始终秉承着“差异化运营”的理念。以 2016 年的热播剧《太阳的后裔》为例，爱奇艺便采用了差异化排播的模式。所有用户都可以通过平台免费观看这一热播剧，但 VIP 会员则可享受“零时差”的观剧体验。也就是说，用户在选择是否付费的问题上拥有自主权，并没有被胁迫之感。爱奇艺在完成了用户付费的基础上，也确保了大量用户不流失，赢得了用户的尊重和行业的口碑。

2018 年暑期，爱奇艺借鉴 Netflix[①]模式，以“VIP 会员一次性看全集”方式上线了多部剧集。之后，剧集在社交媒体上皆获得了不错的反响，许多用户对这一方式都表示出极大的肯定，不仅有效增加了平台用户的停留时间，更激发了用户的追剧热情。在借鉴 Netflix 成功模式的同时，爱奇艺也充分考虑到国内与欧美市场的差异性。平台在为会员提供更多福利的同时，还保留了“会员多看 N 集”和“非会员免费看”的模式，通过 3 个窗口期来为不同用户提供娱乐服务。

2019 年 2 月，爱奇艺公布了 2018 年四季度及全年财报：四季度总营业收入 70 亿元，同比增长 55%；全年营业收入达到 250 亿元，同比增长 52%；四季度末订阅会员数为 8740 万，其中 98.5%为付费会员，全年净增订阅会员 3660 万，订阅会员规模同比增长 72%。会员服务收入已成为爱奇艺第一大收入来源，这是爱奇艺在 2018 年仍能保持营业收入快速增长的根本原因。图 7.11 为爱奇艺的商业模式画布。

<table>
<tr><td>重要合作
KP</td><td>关键业务
KA</td><td>价值主张
VP</td><td>客户关系
CR</td><td>客户细分
CS</td></tr>
<tr><td rowspan="3">• 影视出品方
• 各类 IP
• 百度</td><td>• 视频开发</td><td rowspan="3">• 免费、丰富的视频网站
• 打造轻奢新主义视频观看体验
• 定向推送</td><td>• 自助服务
• 社区
• 自动化服务</td><td rowspan="3">• 大众用户
• 付费用户
• 广告商
• 短视频创作者</td></tr>
<tr><td>核心资源
KR</td><td>渠道通路
CH</td></tr>
<tr><td>• 庞大的用户基数
• IP 核心战略所积累的庞大资源</td><td>• 官方网站
• 客户端</td></tr>
<tr><td colspan="2">成本结构
CS</td><td colspan="3">收入来源
RS</td></tr>
<tr><td colspan="2">• 平台运营
• 研发费用</td><td colspan="3">• 免费
• 会员费
• 广告费
• 内容分发</td></tr>
</table>

图 7.11　爱奇艺的商业模式画布

（3）免费增收商业模式画布的式样

免费增收商业模式有三个关键构造块：客户细分、价值主张和核心资源。这种商业模式必须有大量的用户群体，而且能为用户提供免费的产品或服务，这是吸引用户的关键。图 7.12 为免费增收商业模式画布式样。

① Netflix 是一家在线影片租赁提供商，公司成立于 1997 年，总部位于美国加利福尼亚州。2019 年 10 月，在 Interbrand 发布的全球品牌百强榜中，Netflix 位居第 65 名。

<table>
<tr><td>重要合作
KP</td><td>关键业务
KA</td><td>价值主张
VP</td><td>客户关系
CR</td><td>客户细分
CS</td></tr>
<tr><td rowspan="4"></td><td></td><td rowspan="4">• 提供免费的产品或服务吸引用户</td><td>• 关键在于提高从免费到收费的用户转化率</td><td rowspan="4">• 大量的用户群体</td></tr>
<tr><td>核心资源
KR</td><td>渠道通路
CH</td></tr>
<tr><td rowspan="2"></td><td rowspan="2"></td></tr>
<tr></tr>
<tr><td colspan="2">成本结构
CS</td><td colspan="3">收入来源
RS</td></tr>
<tr><td colspan="2">• 免费服务产生的营销成本</td><td colspan="3">• 免费的产品或服务
• 收费的增值服务</td></tr>
</table>

图 7.12　免费增收商业模式画布式样

拓展

什么是 IP

IP（intellectual property），其实就是“知识财产”，是文化积累到一定量级后所输出的精华，具备完整的世界观、价值观，有属于自己的生命力。在目前的语境中，IP 更多的是指适合二次或多次改编开发的影视文学、游戏动漫等，其背后往往代表成千上万的狂热粉丝和他们不容小觑的消费能力。

2．免费平台

（1）免费平台商业模式的概念

免费平台通过免费手段销售产品或服务建立庞大的消费群体，然后再通过配套的增值服务、广告费等方式取得收益。这里要解读三个关键词：①免费，体现为提供产品或服务是免费的；②收益，从配套的增值服务或广告费等方式获得；③平台，免费平台首先是多边平台商业模式。

（2）免费平台商业模式的案例——解读今日头条的商业模式

今日头条是北京字节跳动科技有限公司[①]开发的一款基于数据挖掘的推荐引擎产品，它为用户推荐有价值、个性化的信息，提供连接人与信息的新型服务，是国内移动互联网领域成长最快的产品服务之一。2012 年 8 月，今日头条新闻客户端上线。6 年后，这款应用日活跃人数超过 9700 万，月活跃人数超过 2.25 亿，超过 120 万头条号入驻、平均每天发布 50 万条内容，创造超过 48 亿次内容消费。如今的今日头条早已不再只是

① 北京字节跳动科技有限公司成立于 2012 年，是最早将人工智能应用于移动互联网场景的科技企业之一，2019 年 10 月 21 日，胡润研究院发布《2019 胡润全球独角兽榜》，字节跳动排名第 2 位。

一个新闻客户端，而是一个集新闻、短视频、问答、广告等内容于一体的内容聚合分发平台。图 7.13 为今日头条的商业模式画布。

<table>
<tr><th>重要合作
KP</th><th>关键业务
KA</th><th>价值主张
VP</th><th>客户关系
CR</th><th>客户细分
CS</th></tr>
<tr><td rowspan="4">• 视频网站
• 小说网站
• 手游厂商
• 社交应用合作
• O2O 业务拓展</td><td>• 精准推送有价值的个性化信息
• 平台维护与管理</td><td rowspan="4">• 免费、易使用、个性化的资讯服务
• 价值内容推送
• 货币化内容
• 定向推送</td><td>• 社区服务
• 自助服务
• 个人助理</td><td rowspan="4">• 大众用户
• 付费订阅用户
• 内容拥有者
• 广告商
• 各类平台应用</td></tr>
<tr><td>核心资源
KR</td><td>渠道通路
CH</td></tr>
<tr><td rowspan="2">• 个性化推荐算法
• 优秀的创业团队
• 庞大的用户基数
• 充沛的现金流</td><td rowspan="2">• 客户端
• 销售团队</td></tr>
<tr></tr>
<tr><td colspan="2">成本结构
CS</td><td colspan="3">收入来源
RS</td></tr>
<tr><td colspan="2">• 平台运营</td><td colspan="3">• 免费
• 收费订阅
• 内容分发
• 广告收入
• 游戏、表情下载等增值服务</td></tr>
</table>

图 7.13　今日头条的商业模式画布

（3）免费平台商业模式画布的式样

免费平台商业模式中的重点是价值主张、客户细分和收入来源之间的联系。企业为广大的免费客户提供免费的产品或服务，有了大量的客户之后，企业就成为广告商的巨型流量平台，也能向广告商收取广告费，从而产生收入来源。图 7.14 为免费平台商业模式画布式样。

<table>
<tr><th>重要合作
KP</th><th>关键业务
KA</th><th>价值主张
VP</th><th>客户关系
CR</th><th>客户细分
CS</th></tr>
<tr><td rowspan="3"></td><td>• 平台管理
• 平台推广</td><td rowspan="3">• 通过平台为客户提供免费的产品或服务
• 为广告商提供巨大的流量</td><td></td><td rowspan="3">• 广大的免费客户
• 广告商</td></tr>
<tr><td>核心资源
KR</td><td>渠道通路
CH</td></tr>
<tr><td>• 企业所提供的平台</td><td></td></tr>
<tr><td colspan="2">成本结构
CS</td><td colspan="3">收入来源
RS</td></tr>
<tr><td colspan="2">• 开发和维护平台的成本</td><td colspan="3">• 免费的产品或服务
• 广告收入</td></tr>
</table>

图 7.14　免费平台商业模式画布式样

3．诱导式

（1）诱导式商业模式的概念

诱导式商业模式通过低价的、有吸引力的甚至免费的初始产品或服务，来促进相关产品或服务未来的重复购买。这种商业模式有以下特点：低价或免费的初始产品或服务、需要重复购买后续产品或服务、用户转换成本高。

（2）诱导式商业模式的案例——解读吉列剃须刀的商业模式

诱导式商业模式，又称为剃刀和刀片定价策略，最先由吉列公司推出，是指生产商以低价出售剃须刀，而对与之配套的刀片则收取高价。吉列公司刚推出这种模式时，以55美分的价格销售成本2.5美元的刀架，而把成本1美分的刀片卖到了5美分，这种定价策略帮助吉列垄断剃须刀市场数十年。采用这种模式的公司通过卖“刀架”来绑定“刀片”的生意，而且“刀片”往往成为公司更主要的营业收入和利润来源，因为“刀片”是可以重复消费的，“刀片”可以源源不断地为公司创收。

采用吉列“刀片+刀架”模式的商品也有很多，如一些只能用厂家墨粉的打印机、可替换刷头的电动牙刷等，其实质是通过业务关联性，发现市场需求更大的衍生业务或延伸业务，低价甚至免费销售主业产品。在一些主业市场规模空间和利润增长有限的行业（如设备制造），每年需求有限，竞争激烈，利润率下降，难以吸引投资者。表面上，随着企业规模的扩大，主营业务利润微薄甚至亏本，但实际上是以降低主业增长缓慢的盈利，换取延伸业务的巨大盈利，并构建了有效的竞争壁垒，可以利用相对低廉的主业产品或服务价格将竞争对手拒之门外，从而锁定客户，扩大市场份额。图7.15为吉列剃须刀的商业模式画布。

<table>
<tr><th>重要合作
KP</th><th>关键业务
KA</th><th>价值主张
VP</th><th>客户关系
CR</th><th>客户细分
CS</th></tr>
<tr><td rowspan="4">• 生产商
• 零售商</td><td>• 营销
• 研发
• 物流</td><td rowspan="4">• 通过低价售卖剃须刀架，引导顾客购买配套的消耗品——刀片</td><td>• 基于产品自然存在的“锁定关系”</td><td rowspan="4">• 剃须刀消费者</td></tr>
<tr><td>核心资源
KR</td><td>渠道通路
CH</td></tr>
<tr><td rowspan="2">• 品牌
• 专利</td><td rowspan="2">• 零售</td></tr>
<tr></tr>
<tr><td colspan="2">成本结构
CS</td><td colspan="3">收入来源
RS</td></tr>
<tr><td colspan="2">• 生产制造、物流、营销、研发费用等</td><td colspan="3">• 刀架销售
• 后续需要更换的配套刀片销售</td></tr>
</table>

图7.15　吉列剃须刀的商业模式画布

（3）诱导式商业模式画布的式样

诱导式商业模式是在专业化经营主业的同时，深入挖掘业务和收入的关联性，发现市场规模更大的一系列后续重复的业务和收入来源，即可实现增长瓶颈。图 7.16 为诱导式商业模式画布式样。

<table>
<tr><td>重要合作
KP</td><td>关键业务
KA</td><td rowspan="4">价值主张
VP

• 通过低价、免费的产品，带动后续产品销售</td><td>客户关系
CR</td><td>客户细分
CS</td></tr>
<tr><td rowspan="3"></td><td>• 提供后续的产品或服务</td><td>• 初始产品和后续产品间的“锁定”关系特征</td><td rowspan="3"></td></tr>
<tr><td>核心资源
KR</td><td>渠道通路
CH</td></tr>
<tr><td>• 强大的品牌影响力</td><td>• 线上
• 线下</td></tr>
<tr><td colspan="2">成本结构
CS</td><td colspan="3">收入来源
RS</td></tr>
<tr><td colspan="2">• 研发费用
• 行政支出</td><td colspan="3">• 后续重复的高利润产品</td></tr>
</table>

图 7.16　诱导式商业模式画布式样

4．三种免费式商业模式的对比

在过去传统的商业模式中，企业花费较高成本的价值主张，仅将商品提供给付费客户，对于广大消费者，一般不接受直接收费的商业模式，让商品难以售出。三种免费式商业模式分别用不同方法解决了传统商业模式的问题，为方便比较，用表 7.3 的形式列出。

表 7.3　三种免费式商业模式对比

商业模式	解决办法
免费增收	提供免费的商品，通过增值业务盈利
免费平台	提供免费的大众化平台，通过平台获得客户流量和广告费
诱导式	提供价格低廉或免费的商品，通过相关产品盈利

四、开放式商业模式

开放式商业模式是指通过与外部伙伴系统性合作来创造和捕捉价值，它包含从外到内和从内到外两种形式。

1．开放式商业模式（从外到内）

（1）开放式商业模式（从外到内）的概念

从外到内的开放式商业模式，是指将外部的创意和价值引入企业内部。这种模式的优势可以让创业者取长补短，不必从头开始研究，可使用其他组织的创新成果并从中获益。

（2）开放式商业模式（从外到内）的案例——解读知乎的商业模式

知乎是一个真实的网络问答社区，社区氛围友好与理性，连接各行各业的精英。用户分享着彼此的专业知识、经验和见解，为中文互联网源源不断地提供高质量的信息。目前，知乎的活跃度在互联网社交领域遥遥领先，它采用“精英+普通用户”的模式，以精英带动普通模式，同时由“用户导入”贴合“产品导向”，提升用户的持久度。知乎引进的圆桌会议模块，目的在于希望用户能够平等交流，尊重会议交流原则，能够使参与者都加入头脑风暴中参与创作和思考。

近期，知乎联合创始人称将平台科普活动“致知计划”扩大范围。所谓“致知计划”，是知乎为激励创作者生产优质内容，帮助优质内容更好传播而推出的专项奖励计划，这是一个长期项目。第一期面向科学领域，取得了巨大成功，随后知乎还将陆续举办“致知计划”之艺术季、文学季等活动，激励更多领域的内容创作，为用户带来更多良好体验，为社会创造更多价值。知乎采用用户产生内容的模式，从外到内形成自身平台特色，覆盖范围从科学领域绵延至其他领域，让更多鲜活、生动的知识被更多人看见、接受并认同。图 7.17 为知乎的商业模式画布。

<table>
<tr><td>重要合作
KP</td><td>关键业务
KA</td><td>价值主张
VP</td><td>客户关系
CR</td><td>客户细分
CS</td></tr>
<tr><td rowspan="3">• 各类企业广告
• 用户分享版权
• 知识付费</td><td>• 提供高质量问答平台</td><td rowspan="3">• 中文互联网高质量社区
• 吸引业内专家进驻解答</td><td>• 引导用户分享高质量知识、经验和见解</td><td rowspan="3">• 广告商
• 认证企业
• 业内专家
• 普通用户
• VIP 用户</td></tr>
<tr><td>核心资源
KR</td><td>渠道通路
CH</td></tr>
<tr><td>• 用户流量
• 业内专家解答
• 认证企业宣传</td><td>• 第三方付费
• 广告收入</td></tr>
<tr><td colspan="2">成本结构
CS</td><td colspan="3">收入来源
RS</td></tr>
<tr><td colspan="2">• 流量获取成本
• 软件运营成本</td><td colspan="3">• 广告
• 出版收益
• 付费咨询
• 用户服务增值</td></tr>
</table>

图 7.17　知乎的商业模式画布

（3）开放式商业模式（从外到内）画布的式样

在这种商业模式类型中，核心资源是具有选择外部创新优势的特定资源，关键业务就是让对内部有用的外部资源和内部业务整合在一起，外部资源的来源就是式样中的重要合作，整个过程的成本就是连接外部资源的成本。图 7.18 为开放式商业模式（从外到内）画布式样。

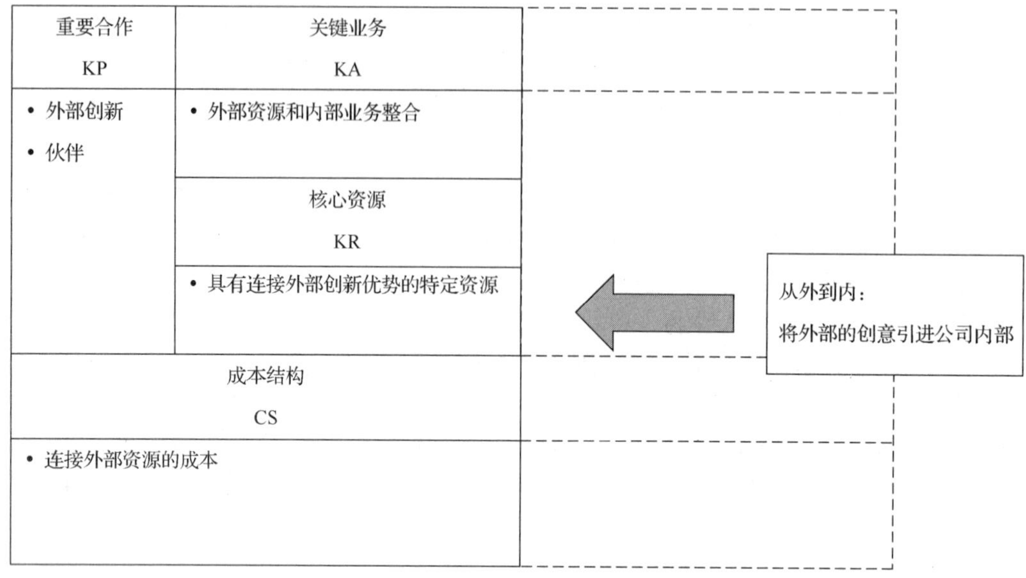

图 7.18　开放式商业模式（从外到内）画布式样

拓展

海尔的开放创新平台

2014 年 9 月，海尔推出了一款智能家居产品——海尔空气魔方。这是全球首款可以模块化组合的智能空气产品，实现了加湿、除湿、净化、香薰等多个模块的自由组合，为每个家庭带来了可定制的专属“空气圈”。

空气魔方还有一个特别之处——它是海尔基于开放式创新理念研发成功的一个智能产品。这款产品不是企业基于自身能力在实验室里规划和研发出来的，而是基于海尔开放创新平台组成的来自 8 个国家的专家和学者团队 128 人，历时 6 个月与全球超过 980 万不同类型用户交互意见，利用大数据分析，最终筛出 81 万粉丝最关注的 122 个具体产品的痛点需求，成为空气魔方核心功能研发的初衷。图 7.19 为海尔空气魔方。

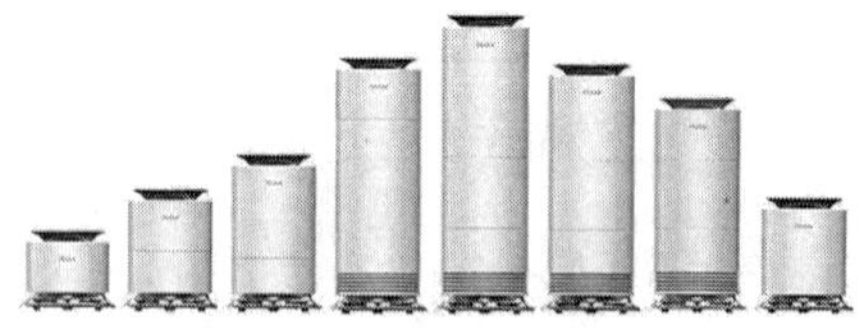

图 7.19　海尔空气魔方

在互联网时代，海尔秉承着“世界是我们的研发中心”的理念，让用户乃至全球的创新者一起参与研发过程。正是在这一理念的指引下，海尔在 2009 年 10 月成立了开放创新平台——HOPE（Haier open partnership ecosystem），经过 9 年的发展，HOPE 目前已经成为海尔旗下独立的开放式创新服务平台。HOPE 平台是一个创新者聚集的生态社区，一个全球范围的庞大资源网络，也是一个支持产品创新的一站式服务平台。HOPE 把技术、知识、创意的供方和需方聚集到一起，提供交互的场景和工具，促成创新产品的诞生。HOPE 平台自成立以来，支持海尔各个产品研发团队和超前研发团队创造了众多的颠覆性产品，如控氧保鲜冰箱、净水洗衣机、传奇热水器、固态制冷酒柜、小焙烤箱等，受到消费者喜爱，在市场上迅速成为明星畅销产品。

（资料来源：佚名，2016．揭：英特尔、海尔、思科、三星的开放式创新做法[EB/OL]．http://www.sohu.com/a/119863406_116249．节选，有改动。）

2．开放式商业模式（从内到外）

（1）开放式商业模式（从内到外）的概念

从内到外的开放式商业模式，是指将企业内部闲置的创意和专利提供给外部伙伴。这种商业模式能够将企业的闲置资源充分利用起来，以产生更大的价值，从而更有机会实现双赢。

（2）开放式商业模式（从内到外）的案例——解读葛兰素史克公司的商业模式

葛兰素史克公司（GSK）是世界领先的、以研发为基础的制药和医疗保健公司，由葛兰素•威廉和史克•必成强强联合，于 2000 年 12 月成立。

2016 年，GSK 将所有获批的抗癌药以 160 亿美元的价格出售给诺华公司，两家公司表示将合并其非处方药物部门，成立消费者保健药物合资企业，其中 GSK 占 63.5%的股份。同年，GSK 公布了一项新专利政策，在诸如阿富汗、赞比亚等 50 个最不发达和低收入国家停止申请专利的计划，而对于 GSK 将继续申请专利的其他 35 个中低收入国家，公司将向仿制药制造商发放生产许可。此后，这些公司将能制造供国内使用和国外出口的仿制药，这也会鼓励仿制药制造商为提供更加廉价的药物而投资。将自身研发的产品出售能直接为 GSK 带来经济效益，不打压仿制药制造商的仿制行为，而是开放性地以一种合作的心态与其形成良好关系，虽然药物的平均售价比同类竞争对手售价要低，但却能赢得更大的市场。

从内到外的开放式商业模式，不仅让 GSK 更专注于专利技术的研发，同时也对其长期稳定的发展奠定了坚实的基础。2019 年 8 月 2 日，GSK 与美国的辉瑞制药有限公司完成交易，成立全球领先的消费保健品合资公司。2019 年，GSK 在《财富》世界 500 强中排名第 296 位，营业收入增长 5.8%，利润增长 145%。图 7.20 为 GSK 的商业模式画布。

<table>
<tr><th>重要合作
KP</th><th>关键业务
KA</th><th>价值主张
VP</th><th>客户关系
CR</th><th>客户细分
CS</th></tr>
<tr><td rowspan="4">• 原料供应商
• 制造公司（提供供应链解决方案）
• 学术研究机构
• 行业相关药品企业</td><td>• 处方药
• 疫苗
• 消费保健品
• 转让专利</td><td rowspan="4">• 帮助世界各地的患者和消费者，做得更多，感觉更好，活得更久</td><td>• 专业知识
• 拜访客户
• 学术会议</td><td rowspan="4">• 其他药品企业
• 中心城市医院
• 二甲以上医院
• 个人</td></tr>
<tr><td>核心资源
KR</td><td>渠道通路
CH</td></tr>
<tr><td rowspan="2">• 药品专利
• 优势的产品结构和强有力的市场化品牌
• 行业中最大的研究开发体系之一</td><td rowspan="2">• 企业合作
• 医院销售
• 商业零售
• 多级分销</td></tr>
<tr></tr>
</table>

图 7.20　GSK 的商业模式画布

成本结构 CS	收入来源 RS
• 采购物料、设备等 • 研发新药品 • 团队的运营	• 转让专利 • 疫苗销售 • 处方药销售 • 保健品销售

图 7.20 （续）

（3）开放式商业模式（从内到外）画布的式样

在从内到外的开放式商业模式式样中，客户细分群体是需要创新的外部伙伴，它们希望获得来自企业内部的研发成果，供给研发成果的过程就是企业的价值主张，主要的渠道通路由互联网和线下交易组成，这种商业模式的收入来源是通过闲置的资源获得额外的收入，核心资源是企业闲置的无形资产，最直观的就是企业内部的专利。图 7.21 为开放式商业模式（从内到外）画布式样。

重要合作 KP	关键业务 KA	价值主张 VP	客户关系 CR	客户细分 CS
		• 输出对外部有价值的研发成果		• 需要创新的外部伙伴
	核心资源 KR		渠道通路 CH	
	• 闲置的无形资产		• 互联网平台 • 线下交易	
成本结构 CS		收入来源 RS		
		• 通过利用闲置资源获得额外收入		

图 7.21 开放式商业模式（从内到外）画布式样

第四节 商业模式优化——创意构思

一、创意构思的概念

设计新的商业模式需要产生大量商业模式创意，并从中筛选出最好的创意，这个收集和筛选的过程称为创意构思。创意构思有五种不同的方法：资源驱动、产品或服务驱动、客户驱动、财务驱动和多中心驱动。

二、创意构思——资源驱动

资源驱动是指基于一个组织现有的基础设施或合作关系的拓展，去改进现有商业模式。作为创业者，要懂得分析和思考如今团队有怎样的核心资源、有怎样的关键业务、和谁有重要的合作等。

携程的商业模式就是以资源驱动的。作为一个在线旅游代理机构，通过拓展与各酒店、航空公司、景点的关系，达成重要合作，将旅游资源加以整合，把供应商和消费者连接起来，从而打造一个在线服务平台，为客户提供更好的自动化服务，以进一步改善自身商业模式，扩大收入来源。图 7.22 为资源驱动的商业模式。

重要合作 KP	关键业务 KA	价值主张 VP	客户关系 CR	客户细分 CS
携程	核心资源 KR		渠道通路 CH	
成本结构 CS			收入来源 RS	

图 7.22 资源驱动的商业模式

三、创意构思——产品或服务驱动

产品或服务驱动是指通过建立新的价值主张来影响商业模式的其他构造块，从而形成更有竞争力的商业模式。

盒马鲜生就打造了“鲜 • 美 • 生活”的全新价值主张，它基于 LBS 定位技术，从线上到实体店，从产品、服务、体验到物流整个链条，构建一体化延伸衔接，针对方圆几千米内的社区居民，通过移动端实现“零距离”购物的社区电商新模式，实现了服务创新。图 7.23 为产品或服务驱动的商业模式。

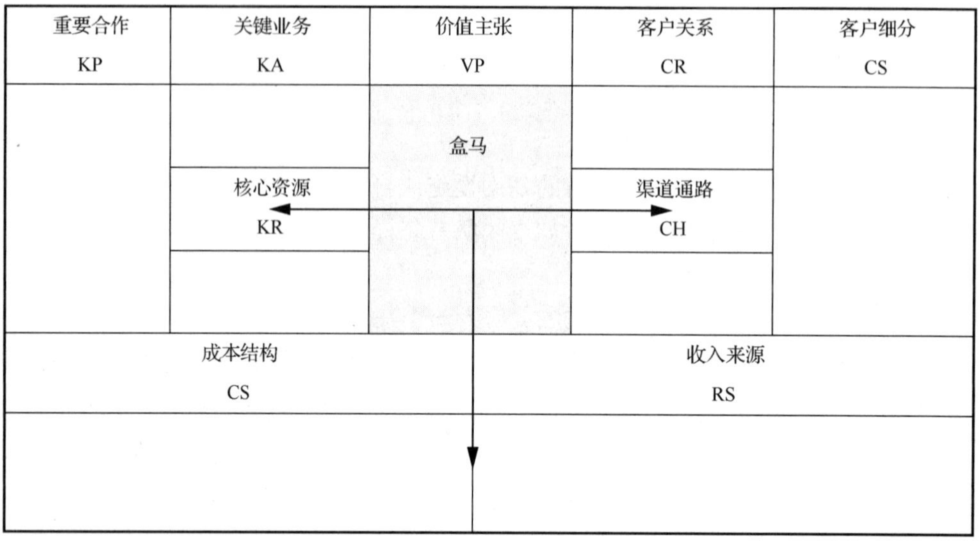

重要合作 KP	关键业务 KA	价值主张 VP	客户关系 CR	客户细分 CS
		盒马		
	核心资源 KR		渠道通路 CH	
成本结构 CS			收入来源 RS	

图 7.23　产品或服务驱动的商业模式

四、创意构思——客户驱动

客户驱动是指基于客户的需求，降低客户获取产品或服务的成本，或提高其便利性，从而产生更高的商业价值。

网易云音乐秉持着以用户为中心的原则，上线 5 年来，创新性地推出歌单、乐评、个性化推荐等功能，颠覆音乐产品传统的“曲库模式”，开辟了“音乐社交”的先河。同时，根据用户听歌习惯，把更多冷门优质的音乐带给用户，大大降低了发现歌曲的成本，创造了音乐社交的用户驱动新模式。图 7.24 为客户驱动的商业模式。

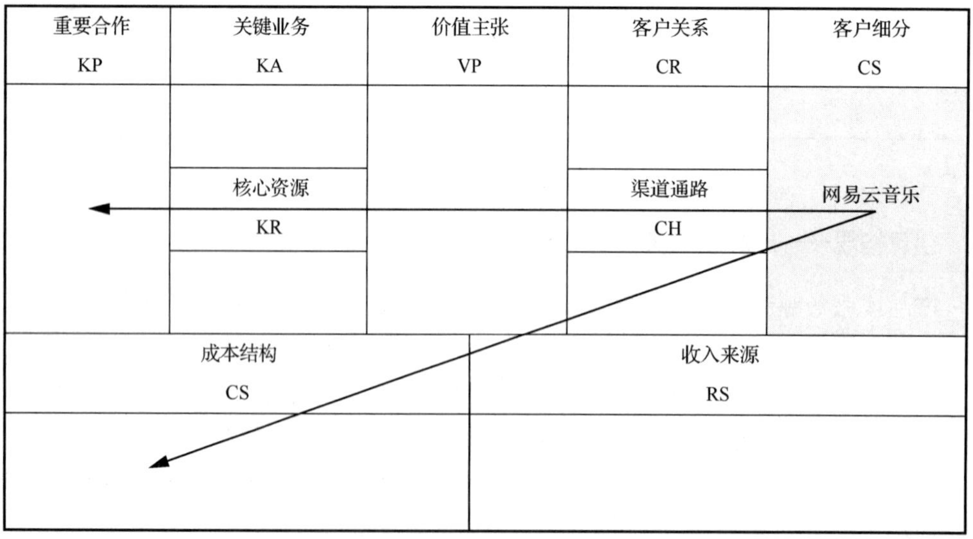

重要合作 KP	关键业务 KA	价值主张 VP	客户关系 CR	客户细分 CS
	核心资源 KR		渠道通路 CH	网易云音乐
成本结构 CS			收入来源 RS	

图 7.24　客户驱动的商业模式

五、创意构思——财务驱动

财务驱动是指由收入来源、定价机制或成本结构来驱动商业模式的改变。

以时尚休闲生活百货品牌名创优品为例，它采取“竞争定价法”的理念，即寻求不同于竞争对手的差异化定位。不单纯的以产品成本为中心，而是更近似于“需求定价法”，即瞄准“贪图便宜”的人群，强调产品性价比，再通过渠道缩短、规模采购等策略，做到高效率、低成本，从而控制产品零售价，为全球消费者提供真正优质、创意、低价的产品。图 7.25 为财务驱动的商业模式。

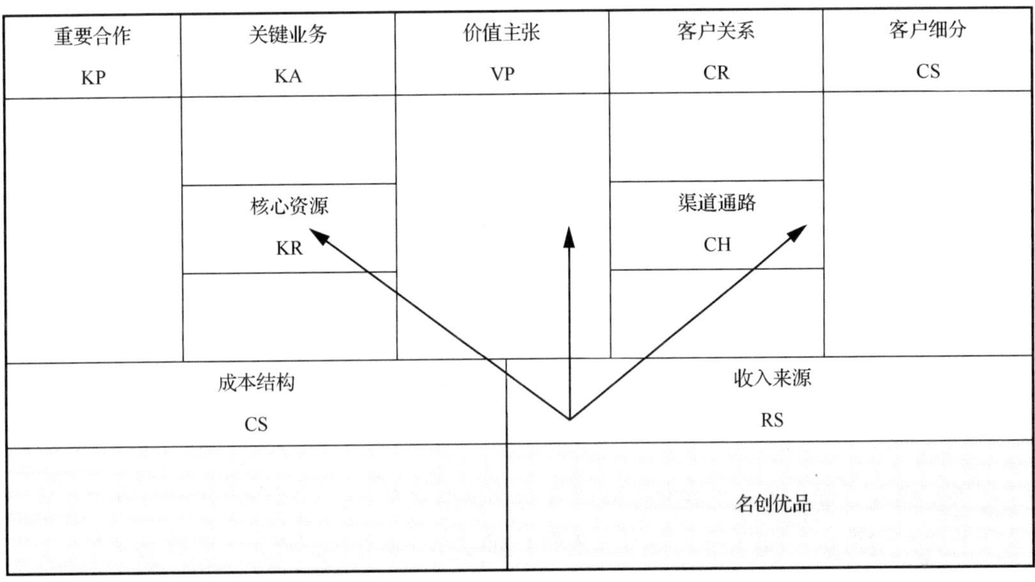

图 7.25　财务驱动的商业模式

六、创意构思——多中心驱动

多中心驱动是指由多个集中点驱动，并会显著影响商业模式其他构造块的一种商业模式。诚品书店原本只是一家传统书店，但它改变了“书店”只卖书的经营概念，将书店提升为新文化的休闲场所， 把“艺术”“人文”“创意”真正与“生活”结合。将书从传统的束缚中分离，使之与更多新兴元素相结合。在店内打造出设计视界、手作时光、亲自派对、大飨盛宴、展览沙龙等多个场景，满足顾客对购物、美食、DIY 等多种体验，为顾客提供一站式的体验服务，从而获得更高的消费体验。图 7.26 为多中心驱动的商业模式。

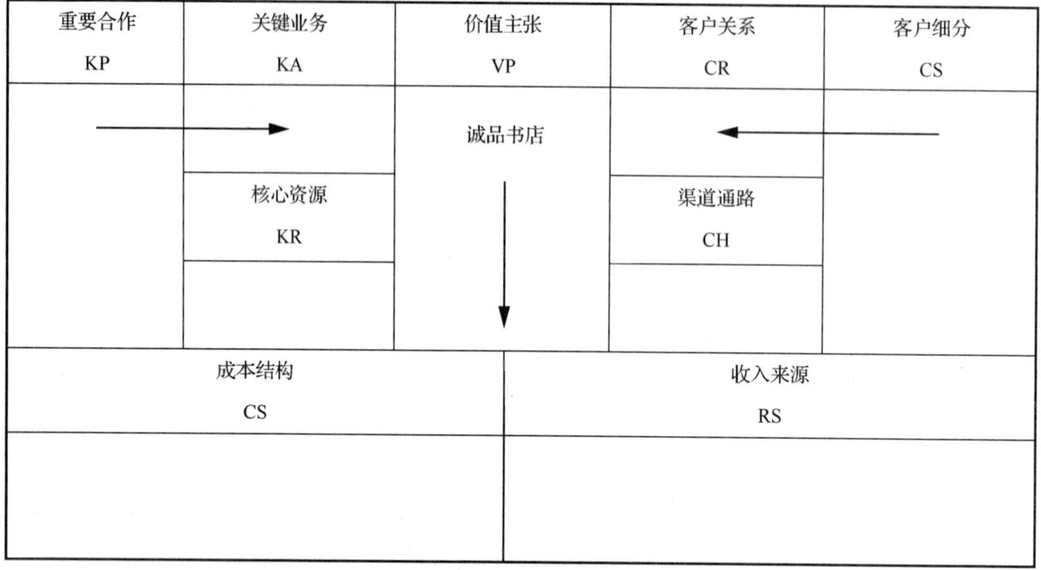

图 7.26 多中心驱动的商业模式

企业生命周期

商业模式为企业的发展提供了战略方向，但在制定具体战略时，还需要考虑目前企业所处的生命周期。1988 年，美国著名的管理学家、教育家伊查克·爱迪思写了《企业生命周期》一书，系统地提出了企业生命周期理论。企业生命周期是指企业发展与成长的动态轨迹，从一个创业想法到企业真正创立，再不断发展至成熟，最后走向衰退，在企业中也存在一个类似于人类成长过程的生命周期。这些不同的时期连在一起，就成为一条像山峰轮廓一样的企业生命周期曲线。爱迪思把这条曲线形象地划分两个阶段：①呈上升趋势的企业成长阶段（孕育期、婴儿期、学步期、青春期、盛年期）；②呈下降趋势的企业衰退阶段（稳定期、贵族期、官僚期）。图 7.27 为企业生命周期曲线。

对初创企业而言，更重要的是把握企业成长阶段，并致力于创造更多的价值和财富。为了确保顺利成长，创业者应当处理好各个周期的关键问题，并随时注意发展过程中可能出现的问题。表 7.4 为企业生命周期曲线简介。

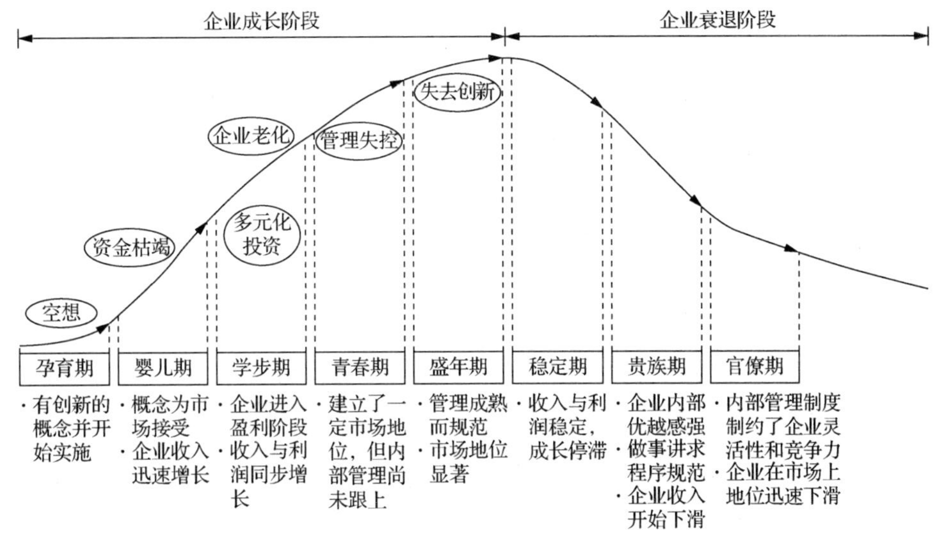

图 7.27　企业生命周期曲线

表 7.4　企业生命周期曲线简介

所处周期	关键问题	可能出现的问题
孕育期	• 责任与风险的承担 • 概念付诸行动	• 创业空想
婴儿期	• 资金流的有效运转 • 市场的争夺	• 因资金流枯竭而失败
学步期	• 收入与利润的双重成长 • 企业的有效控制	• 分权而造成企业失控 • 过于多元的投资导致现金流枯竭
青春期	• 管理制度与流程的建立	• 管理失控 • 企业老化 • 企业内部权力斗争
盛年期	• 企业创新精神的培养与巩固	• 企业老化

（资料来源：佚名，2015．企业生命周期理论[EB/OL]．https://www.doc88.com/p-5794422437010.html．节选，有改动。）

为项目构建商业模式

所需材料：彩色笔、A3 纸、便利贴。

活动时间：30 分钟。

第六章中，各小组收集了访谈对象的意见，并进行了产品迭代，本章需要学生运用商业模式画布来对项目做进一步"加工"，通过商业模式提升项目的价值。

1）在纸上画出 9 个构造块，各小组讨论每一个构造块的内容，一旦有了想法就写在便利贴上，并贴在相应的构造块区域。（时间：15 分钟）

2）对已贴的便利贴进行筛选，每个构造块上留下最优的 2～3 张便利贴。（时间：5 分钟）

3）各小组展示并讲解属于自己项目的商业模式画布。（时间：每组 1 分钟）

课后案例

ofo 小黄车为什么黄了

2018 年的冬天，对 ofo 小黄车而言，可谓是特别寒冷。创业 4 年的 ofo，如今面临创业失败的境地，也算是为广大创业者上了一课。当初共享单车刚兴起的时候，小黄车可谓是风华正茂，与如今窘迫的境地相比，简直是天堂和地狱。

2014 年，ofo 从北大校园走出，成功推出了“无桩单车共享”的模式。一时间，ofo 深受资本青睐。2017 年 7 月 6 日，ofo 小黄车宣布已完成超过 7 亿美元新一轮（E 轮）融资。有了充足的资金后，小黄车迅速将自己的产品推向了全国各地。当时的摩拜与小黄车简直没法比，两年时间摩拜才拿不到 500 万元的融资，而 ofo 已经融资了 3500 万元，几乎在各大一二线城市中都能看到小黄车的身影。小黄车自然也是对其他竞争对手不屑一顾，并且获得了很多粉丝。不过当时小黄车对抗竞争对手的手段很简单——疯狂增加单车数量。押金也从最初的 99 元变成了后来的 199 元。然而，当时 ofo 的单车质量做得不到位，虽然投放量非常多，但损坏率也是非常高的。后来小黄车的竞争对手摩拜在研发上下了更多功夫，推出了轻骑版，改善骑行感受，再加上比 ofo 增加了智能锁及其他细心的小细节，很多人开始转向摩拜的怀抱。

盲目扩张，产品质量不过关，用户流失，ofo 终于还是走上了下坡路。

在经过 2017 年的那次 7 亿美元的融资之后，ofo 就没有再获得融资。然而，摩拜已经迅速崛起，若想战胜对手，肯定离不开烧钱。2018 年 1 月，有消息称 ofo 资金链断裂，账面上的资金只能支撑 ofo 运营一个月，并且还欠供应商 25 亿元。ofo 马上进行辟谣，但资金链断裂的事却印在了每个人的心里，大家必然怀疑 ofo 是否出现了经济危机。2018 年 3 月 4 日，从查询工商信息得知，ofo 创始人戴威已通过动产抵押的方式，先后两次将其资产共享单车作为质押物，换取了阿里巴巴共计 17.7 亿元人民币的融资。这笔资金相信也缓解了用户退押金和还供应商欠款的压力。这一融资其实是抵押借款。

第一笔抵押发生于 2018 年 2 月 5 日，位于北京、深圳、上海、广州四地的共计 4 447 572 辆自行车被作为资产，抵押给了“上海云鑫创业投资有限公司”，债权数额为 5 亿元人民币。

第二笔抵押发生于 2018 年 2 月 12 日，抵押物为浮动数量的共享单车，抵押权人为浙江天猫技术有限公司，债权数额为 12.66 亿元人民币。两笔债权总计 17.66 亿元。

小黄车是 ofo 的全部身家，把全部身家通过抵押的方式拿钱，这种做法显然非常冒险。在资金链问题上，ofo 显然为此焦头烂额。从 2018 年开始，由于很多城市的共享单车趋于饱和状态，不少城市已经不允许投放新车了，坏掉的旧车只能处理掉，这也导致车会越来越少。由此看来，谁的车质量好，谁就赢了。而摩拜单车的质量显然比 ofo 好得多，它们还推出了“以四年免维护为目标设计”，这也让不少用户更青睐摩拜。此外，尽管 ofo 广告打得非常响，但变现能力弱，加上现在各地政策不允许车身做广告，再次失去了一个收入来源。

大量用户流失，加上 ofo 盈利能力薄弱，ofo 持续“失血”。小黄车为了跑马圈地，在疯狂扩张的行为下，甚至做着挪用用户押金的事。动用了用户的钱，挪用了资金池，一旦出现问题，用户的钱很难退回来。其实很多倒闭的共享单车企业，都是没能跨越押金这个坎。无论是小蓝、小鸣，还是酷骑，每个企业最终都没有能力偿还用户的押金。

如今，摩拜已被美团收购，其 CEO 胡玮炜虽然宣布因个人原因辞去摩拜单车 CEO 职位，但很多网友表示胡玮炜这算是“套现成功”，不仅无债一身轻，还因卖掉摩拜套现巨额财富。胡玮炜本人也表示，自己仍然会在出行领域投入时间和精力去创业。

反观 ofo，虽然坚持走独立道路，但最后的结局却让每个人感到唏嘘，其 CEO 戴威不仅背负债款，现在还被列入了“老赖”名单，收到了法院的“限制消费令”。虽然 ofo 目前仍在坚持，但其实已经四面楚歌，戴威的创业之路能否继续走下去呢？

（资料来源：佚名，2018．ofo 小黄车创业失败为什么却不值得人们同情[EB/OL]．http://www.qncye.com/gushi/ganwu/122836809.html．节选，有改动。）

思考

1．请画出 ofo 小黄车的商业模式画布。
2．请尝试分析导致小黄车失败的因素。

课后任务

1．制定项目的营销策略

在课堂上我们已经简单画好了项目的商业模式画布，但仅有画布还不能充分体现商业模式中的内容，大家还要对商业模式中的一些关键内容进行详细解读。前面我们已经完成了实践模块的“5.1　产品/服务原型”，这节课后，请大家继续完成实践模块中“第 5 部分　产品/服务介绍”的其他内容。

实践：请相对应完成实践模块的第 5 部分“5.2　核心资源与能力”（第 163 页）、“5.3　收入来源”（第 164 页）、“5.4　价值链模型”（第 165 页）和“5.5　商业模式画布”（第 165 页）。

2．制定项目的营销策略

本章我们学习了 4P 营销理论，其中包含产品、价格、渠道、宣传四个方面的具体营销策略。请各小组在课后组织一次头脑风暴，从 4P 的角度为你们的项目制定一系列营销策略，为你们的产品或服务迈向市场奠定坚实的基础。

实践：请相对应完成实践模块的“第 6 部分　营销策略”（第 166 页）。

3. 完成个人商业模式画布

商业模式画布这个工具不仅能描述企业的商业模式，还能应用于个人身上。如图 7.28 所示，各个构造块可以更换为内涵与普通商业模式画布大不相同的个人要素。

<table>
<tr><td colspan="2">重要合作
KP</td><td colspan="2">关键业务
KA</td><td colspan="2">价值主张
VP</td><td colspan="2">客户关系
CR</td><td colspan="2">客户细分
CS</td></tr>
<tr><td colspan="2" rowspan="3">谁可以帮助我？</td><td colspan="2">我要做什么？</td><td colspan="2" rowspan="3">我怎样帮助他人？</td><td colspan="2">怎样和客户打交道？</td><td colspan="2" rowspan="3">我能帮助谁？</td></tr>
<tr><td colspan="2">核心资源
KR</td><td colspan="2">渠道通路
CH</td></tr>
<tr><td colspan="2">我是谁？
我拥有什么技能？</td><td colspan="2">怎样宣传自己并交付服务？</td></tr>
<tr><td colspan="5">成本结构
CS</td><td colspan="5">收入来源
RS</td></tr>
<tr><td colspan="5">我需要付出什么？</td><td colspan="5">我能得到什么？</td></tr>
</table>

图 7.28 个人商业模式画布

请在图 7.28 中的空白处完成属于自己的个人商业模式画布，为自己打造一个更加明确的未来规划吧。

学习提升

1. 互联网企业与传统制造企业相比，其商业模式是否存在根本差别？
2. 你觉得哪些商业模式能适应未来发展的需要？为什么？
3. 商业模式最根本的要素是什么？
4. 商业模式画布有什么不足之处？

本章小结

本章介绍了商业模式的基本概念和商业模式画布，并对长尾式、多边平台式、免费式和开放式商业模式的式样和经典案例进行了介绍。商业模式是企业创造和实现价值的方式，而商业模式画布是一种能简洁明了地阐述企业价值主张的工具。

本章的重点是对商业模式画布的理解，难点是如何合理地运用商业模式画布。

第八章

价值呈现——我终于看到所有梦想都开花

学习目标

1. 了解商业计划书的概念。
2. 理解商业计划书的构成要素。
3. 掌握商业计划书的撰写及优化方法。
4. 掌握现场汇报技巧。

导入案例

周鸿祎：一份商业计划书只需要5页纸

在2014年首届“创青春”全国大学生创业大赛决赛开幕式上，明星企业家、奇虎360董事长、大赛基金委员会副主任周鸿祎为现场近万名学子上了一堂创业公开课，为大家带来了满满的“干货”。

公开课一开始，周鸿祎便抛出独到见解：“最伟大的公司最开始也是在寻找一个单点突破，这个单点即关注给用户创造的价值，找到产品用户群。”关于产品，周鸿祎又提出了独特的减法论：“一个产品最开始哪怕只有一个人用也是一件伟大的事，创业中最重要的是要学会做减法，学会聚焦。”

回忆起自己的创业经历，周鸿祎颇为感慨地说：“创业初期我也经过了无数次的失败，后来才知道我讲了太多大而空的概念。”对此，他向广大创业者提出的建议是，一份商业计划书只需要5页纸，只要写明“你是谁？”“你干过什么？”“你发现用户群中有怎样的问题？”“你的解决方案是什么？”等问题即可。

公开课上，来自全国各地的学子纷纷提问——“我研究了很多商业模式计划书，我要寻找一个最好的商业模式，我要颠覆性的创新”。面对学生们充满理想甚至有些狂妄的创业理念，周鸿祎一再提醒大家要少谈“主义”和“概念”，好好聚焦“产品”。总而言之，要让你的投资人清晰地知道你正在做的事情，以及它们的价值，才能真正吸引投资人的注意，给予他们，同时也是给予自己信心。

（资料来源：汪杭，徐啸寒，姚雪，等，2014．周鸿祎在汉上创业公开课：一份商业计划书只需5页纸[EB/OL]．http://news.cnhubei.com/xw/jj/201411/t3086321.shtml．有改动。）

◆思考◆

你认为商业计划书仅用5页纸足够吗？其中应当包含哪些内容？

第一节　了解商业计划书

一、商业计划书的定义

商业计划书（business plan），又称商业策划书，是公司、企业或项目单位为了达到招商融资和其他发展目标，在经过前期对项目科学地调研、分析、搜集与整理有关资料的基础上，根据一定的格式和内容的具体要求而编辑整理的一个向投资者全面展示公司和项目目前状况、未来发展潜力的书面材料。换言之，商业计划书就是创业者在正式启动创业项目之前，基于前期对整个项目的调研和策划成果，对创业项目进行全面说明的计划性文件。

根据不同种类的创业方案，撰写商业计划书的重点方向也有些许变化，以下是第五届中国“互联网+”大学生创新创业大赛全国总决赛高教主赛道创意组和职教赛道创意组的评审规则①，以评委视角作为参考，我们可以对商业计划书的写作有更深层次的认知。

表8.1为第五届中国“互联网+”大学生创新创业大赛全国总决赛评审规则（节选）。

表8.1　第五届中国“互联网+”大学生创新创业大赛全国总决赛评审规则（节选）

组别	评审要点	评审内容	分值
高教赛道创意组	创新性	突出原始创新和技术突破的价值，不鼓励模仿。在商业模式、产品服务、管理运营、市场营销、工艺流程、应用场景等方面寻求突破和创新。鼓励项目与高校科技成果转移转化相结合，取得一定数量和质量的创新成果（专利、创新奖励、行业认可等）	40
	团队情况	团队成员的教育和工作背景、创新思想、价值观念、分工协作和能力互补情况。项目拟成立公司的组织构架、股权结构与人员配置安排合理。创业顾问、潜在投资人以及战略合作伙伴等外部资源的使用计划和有关情况	30
	商业性	商业模式设计完整、可行，项目盈利能力推导过程合理。在商业机会识别与利用、竞争与合作、技术基础、产品或服务设计、资金及人员需求、现行法律法规限制等方面具有可行性。行业调查研究深入翔实，项目市场、技术等调查工作形成一手资料，强调田野调查和实际操作检验。项目目标市场容量及市场前景，未来对相关产业升级或颠覆的可能性，近期融资需求及资金使用规划是否合理	20
	社会效益	项目发展战略和规模扩张策略的合理性和可行性，预判项目可能带动社会就业的能力	10

① 大赛划分多条赛道，每条赛道又分为不同组别。由于本书定位为教材，篇幅有限，故此处只列举高教主赛道创意组和职教赛道创意组的评审要点。欲知其他赛道或组别的评审规则，请参看“全国大学生创业服务网”。

续表

组别	评审要点	评审内容	分值
职教赛道创意组	创新性	鼓励原始创意、创造；鼓励面向培养“大国工匠”与能工巧匠的创意与创新；项目体现产教融合模式创新、校企合作模式创新、工学一体模式创新；鼓励面向职业和岗位的创意及创新，侧重于加工工艺创新、实用技术创新、产品（技术）改良、应用性优化、民生类创意等	40
	团队情况	团队成员的教育和工作背景、创新思想、价值观念、分工协作和能力互补情况。项目拟成立公司的组织构架、股权结构与人员配置安排合理。创业顾问、潜在投资人以及战略合作伙伴等外部资源的使用计划和有关情况	30
	商业性	商业模式设计完整、可行，项目盈利能力推导过程合理。在商业机会识别与利用、竞争与合作、技术基础、产品或服务设计、资金及人员需求、现行法律法规限制等方面具有可行性。行业调查研究深入翔实，项目市场、技术等调查工作形成一手资料，强调田野调查和实际操作检验	20
	社会效益	项目发展战略和规模扩张策略的合理性和可行性，预判项目可能带动社会就业的能力	10

二、商业计划书的用途

一份精心构思且前景良好的创业计划书，能够极大地激发投资者的兴趣。正如美国创业管理专家约瑟夫•曼库索（Joseph Mancuso）所言：“没有商业计划你不能筹集到资金……就它本身而言，一份商业计划就是一项艺术性的工作。”募集资金只是商业计划书的一个重要作用，其实商业计划书还有更多用途等待我们去挖掘，具体包括如下内容。

1）知己知彼。一份有生命的商业计划书不会打无准备仗，我们需要先梳理思路，找准目标方向。

2）勾画出战略蓝图。一份成熟的商业计划书不但能够描述公司的成长历史，展现未来的成长方向和愿景，还将量化出潜在盈利能力。

3）建立沟通的桥梁。一份有灵魂的商业计划书旨在直击灵魂，吸引风险投资者的投资兴趣，帮助创业者网罗到高素质的精英，构建属于自己的核心团队。

4）获取创业必要的资源。一份高质量的商业计划书会使投资者更快、更有效地了解投资项目，使投资者对项目充满信心并投资该项目，从而达到筹集资金的目的。

5）公司发展的航向标。一份有想法的商业计划书能帮助创业团队避免“搁浅”。

6）融资利益的保障者。一份可靠的商业计划书往往将作为一份合同附件存在，它是一个有效的承诺工具。

第二节　商业计划书的构成

如今，“大众创业、万众创新”正成为中国经济社会发展的新引擎。初创企业大部分为中小企业，根据 CHINA HRKEY 研究中心的调查，中国中小企业的平均寿命仅 2.5 年。就好比 ofo 小黄车，从掀起共享经济的热潮到遭遇寒冬，也仅仅辉煌了不到 3 年的时间。这说明大部分初创企业的市场竞争力还不够强，长此以往将不利于创业项目的可持续发展。究其原因，可以发现大多数难以维系下去的企业都是因没有制订清晰的发展计划，一直在摸索盈利模式。因此，一份完整的商业计划书能为企业发展做出有效指引。

一般来说，一份完整的商业计划书包含九个构成版块，分别是：执行摘要、市场分析、产品/服务介绍、营销策略、团队与组织结构、风险控制、发展规划、融资计划与财务分析、附录。

一、执行摘要

执行摘要是商业计划书的精华，篇幅不宜过长，但要涵盖创业团队的基本情况、产品/服务介绍、市场分析、营销策略、团队与组织结构、财务预测、投资分析、风险控制和风险资金的回报与退出等内容。简单来说，这部分需要用最精简的语言将商业计划书进行概括，特别考验创业团队是否对商业计划书有比较全面的把握，还要精于从中提取重点。

如果创业项目已经成立了公司，那么还需要介绍公司的主营业务，阐述公司的经营宗旨、长期规划和价值理念等内容。

二、市场分析

市场前景广阔、拥有难以复制的商业模式是吸引投资者的关键因素。因此，商业计划书可以从宏观环境分析、行业环境分析和目标市场分析三个方面切入，进行可靠的市场分析。

1．宏观环境分析

运用 PEST 分析模型，从政治和法律、经济、技术、社会和文化这四个方面对影响创业项目发展的整个社会经济发展大环境进行宏观分析。

2．行业环境分析

分析整个行业背景，说明行业的发展现状和发展趋势。此外，还要运用波特五力分析模型对公司竞争的五种主要来源进行分析，即具体分析供方的议价能力、买方的议价能力、潜在进入者的威胁、替代品的威胁、产品竞争者现有企业间的竞争。其中，对于现有的产品竞争者，要进行专门的竞品分析，即除了要分析这些竞争企业的市场地位、它们现有的战略及未来发展计划外，还要列举它们的产品或业务，并与自己的项目进行优劣势对比。

3．目标市场分析

根据自身可提供的产品或服务，明确本项目的目标用户，并根据用户的消费行为、习惯和特征，绘制精准的用户画像。明确目标用户后，可以帮助创业团队锁定目标市场，具体可对现有的市场细分成若干“子市场”，选择其中一个或多个目标市场作为“进攻”目标。

在完成以上分析后，创业团队还可以运用 SWOT 分析模型对处于该市场中的优势、劣势、机会、威胁进行综合分析，并提出可能采取的战略，以综合评价当前的市场情况，明确未来的发展方向。此外，通过市场分析，还可以进一步总结出本项目的创新机会点，让投资人或评委看到项目的可行性。

三、产品/服务介绍

对于一般的公司：介绍产品/服务时，主要描述它们的优点和作用，可以列出有关的专利、政府批文等进行佐证，还应着重对比本公司产品/服务的与众不同之处，并进行精准的市场定位。

对于技术性公司：除了要涵盖一般的公司需要介绍的产品/服务相关内容外，还可以描述本公司的研发能力，以此证明公司能够实现可持续发展。

四、营销策略

营销策略可以使用 4P 营销理论，即产品策略、价格策略、渠道策略、宣传策略这四种基本策略进行组合。

五、团队与组织结构

“宁可选择一流的团队、二流的产品，也不选择二流的团队、一流的产品。”这句话足以说明投资者对团队的重视程度。在商业计划书中，需要对团队与组织结构部分进行精妙构思。例如，可以通过团队成员的成功经历来突出他们的企业家精神和出色的管理能力，或是通过列举团队成员擅长的领域及拥有的资源，点明团队成员之间的分工和互补。

六、风险控制

风险控制是指创业团队采取各种措施和方法，消灭或减少风险事件发生的各种可能性。前面曾提过，初创企业的常见风险包括法律风险、财务风险和知识产权风险。

七、发展规划

发展规划即对创业项目未来一段时期内的具体发展计划。在制定发展规划时，一般分为短期、中期和长期规划，短期规划一般为 1～2 年，中期规划一般为 3～5 年，长期规划一般为 5～10 年。涉及的内容包括总体的发展战略，以及各阶段着力发展的重点，即进行发展布局。例如，一家技术型初创企业，短期规划的重心在研发领域，即不断完善技术和迭代产品；中期规划则立足于营销领域，不断扩张市场；长期规划可能涉及公司的运营管理、企业文化和资本运作等方面。

八、融资计划与财务分析

1．融资计划

融资计划主要是向投资人描述资本的构成比例，包括融资时间、资金来源、融资数额等内容。尽可能通过可视化的形式（即图表等）向投资者进行描述，让投资人清楚地知道你们想要什么，并证明投资的价值。

拓展

如何撰写融资计划

在进行融资以前，先要对项目的启动资金进行比较准确和全面的预测。启动资金是指开办企业时必要的投资和支付各种必要的费用的资金总和，包含场地（土地和建筑）、办公家具、办公用品、机器与设备、原材料、公司注册及相关费用、营业税费、广告与促销费、业务开拓费、工资、水电费、电话费、保险费、软件与网络费等各项费用。

对启动资金的测算主要分为三个步骤：①先要分类列表（表 8.2），看看共有哪些支出项目；②具体测算每个项目的费用；③求和，加总后的数目就是创业项目的启动资金。

表 8.2　启动资金项目列表

项目	明细
固定资产	即价值较高、使用寿命较长的资产，主要包括企业用地和建筑、设备
开办费	主要包括开业前的各项费用、工商注册、税务登记费、支付连锁加盟等费用
流动资金 （注意：初创企业刚开业时，一般 3～6 个月内都是赚不到钱的，因此事先至少要准备 3 个月的流动资金）	主要包括租金、购买并储存原材料和成品、工资、保险和其他费用

计算出启动资金后，下一步就可以制订融资计划了。融资计划主要回答三个问题：何时融；向谁融；融多少。

首先，“何时融”主要是把握融资时机，具体应结合公司发展规划来明确每一轮融资的时间节点。当公司即将有“大动作”时，资本的注入是确保计划成功实施的重要前提。

其次，“向谁融”主要把握融资渠道的问题。从资金来源来看，除了自筹资金以外，创业团队还可以从亲戚、朋友处借款，在供应商处赊购，通过金融机构贷款或者是争取国家的优惠政策。从融资方式来看，初创企业的融资方式可分为股权融资和债权融资。股权融资是指企业的股东愿意出让部分股权，通过这种方式引进新的股东和资金进行融资。债权融资是指企业通过借贷方式进行的融资，即常见的银行借贷或民间借贷。债权融资企业需要承担借贷的利息，并在合约到期后向债权人偿还本金，因此具有较高的财

务风险。股权融资的财务相对自由，但股东的股权会被稀释，容易导致管理风险。

最后，“融多少”主要是所测算的启动资金可以为融资数额提供一定参考，但这并不意味着启动资金就等于融资资金，具体融多少还得看项目的发展空间、创业团队现有资源和实力，以及未来战略计划等实际情况来决定。融资不足可能会导致企业资金链断裂，发展受到阻碍；过度融资可能会为企业带来更大的财务风险。此外，初创企业走上正轨后，还应考虑进行第二轮、第三轮融资，以便不断扩大企业规模，在发展成熟后还可以考虑上市。

在融资方面，还应当包括风险资金的回报与退出等内容。投资者都是基于预计的回报开展投资活动，具体获得回报的方式有四种：股票上市、股权转让、股权回购和利润分红。在创业的不同阶段，投资者获得回报的方式可能有所不同，在商业计划书中要明确资金回报的具体方式，给予投资者信心。此外，投资者进行投资活动的本质就是为了成功地退出，所以还应详细说明资金的退出机制。

2. 财务分析

财务分析主要包括财务预测和相关财务指标分析。

财务预测是对资金来源及运用进行规划，对收入、成本及现金流量进行预测。初创企业至少需要对未来三年的财务状况进行预测，并提供相对应的财务报表。

拓展

如何进行财务预测

在进行财务预测之前，首先要明确成本、价格和收入之间的关系。成本即投入，它是制定价格的基础，价格是计算收入的基础，而收入是计算利润的基础。在制订相关的财务计划时，需要重点测算以下几个关键数据。

1）第一年月支出、年支出。

2）第一年月收入、年收入。

3）第一年月利润预算。

4）第二年按季度进行预算。

5）第三年开始按年进行预算。

数据明确之后，利用报表将它们按照年份一一展示出来。会计中的三大报表分别是资产负债表、利润表和现金流量表。

1. 资产负债表

资产负债表，又称为财务状况表，它反映的是企业在某一特定日期的财务状况。它由两部分组成，左边是“资产”，右边是“负债和所有者权益”。左、右两边的每个科目都需要填列“期初数”和“期末数”两栏数字，这两栏数字纵向相加的结果符合会计平衡原则，即“资产总计=负债和所有者权益总计”。表 8.3 为资产负债表的一般格式。

表 8.3　资产负债表

会企 01 表

编制单位：　　　　　　　　　　　　年　月　　　　　　　　　　　　单位：元

资产	期末数	期初数	负债和所有者权益	期末数	期初数
流动资产：			流动负债：		
货币资金			短期借款		
交易性金融资产			交易性金融负债		
衍生金融资产			衍生金融负债		
应收票据			应付票据		
应收账款			应付账款		
应收款项融资			预收款项		
预付款项			合同负债		
其他应收款			应付职工薪酬		
存货			应交税费		
合同资产			其他应付款		
持有待售资产			持有待售负债		
一年内到期的非流动资产			一年内到期的非流动负债		
其他流动资产			其他流动负债		
流动资产合计			流动负债合计		
			非流动负债：		
			长期借款		
			应付债券		
			其中：优先股		
			永续债		
			租赁负债		
非流动资产：			长期应付款		
债权投资			长期应付职工薪酬		
其他债权投资			预计负债		
长期应收款			递延收益		
长期股权投资			递延所得税负债		
其他权益工具投资			其他非流动负债		
其他非流动金融资产			非流动负债合计		
投资性房地产			负债合计		
固定资产			所有者权益(或股东权益)：		
在建工程			实收资本(或股本)		
生产性生物资产			其他权益工具		
油气资产			其中：优先股		
使用权资产			永续债		
无形资产			资本公积		

续表

资产	期末数	期初数	负债和所有者权益	期末数	期初数
开发支出			减：库存股		
商誉			其他综合收益		
长期待摊费用			专项储备		
递延所得税资产			盈余公积		
其他非流动资产			未分配利润		
非流动资产合计			所有者权益合计		
资产总计			负债和所有者权益总计		

法定代表人：　　　　　　　　　　主管会计工作的负责人：　　　　　　　　会计机构负责人：

2. 利润表

利润表，又称为损益表，它反映了企业在一定会计期间内的经营成果，是一个动态的会计报表。简单来说，利润表是根据“收入-费用=利润”的基本关系来编制的。表 8.4 为利润表的一般格式。

表 8.4　利润表

会企 02 表

编制单位：　　　　　　　　　　　年　月　　　　　　　　　　　单位：元

项目	本期数	上年同期数
一、营业收入		
减：营业成本		
税金及附加		
销售费用		
管理费用		
研发费用		
财务费用		
其中：利息费用		
利息收入		
加：其他收益		
投资收益（损失以“-”号填列）		
其中：对联营企业和合营企业的投资收益		
以摊余成本计量的金融资产终止确认收益（损失以“-”号填列）		
净敞口套期收益（损失以“-”号填列）		
公允价值变动收益（损失以“-”号填列）		
信用减值损失（损失以“-”号填列）		

续表

项目	本期数	上年同期数
资产减值损失（损失以“-”号填列）		
资产处置收益（损失以“-”号填列）		
二、营业利润（亏损以“-”号填列）		
加：营业外收入		
减：营业外支出		
三、利润总额（亏损总额以“-”号填列）		
减：所得税费用		
四、净利润（净亏损以“-”号填列）		
（一）持续经营净利润（净亏损以“-”号填列）		
（二）终止经营净利润（净亏损以“-”号填列）		
五、其他综合收益的税后净额		
（一）不能重分类进损益的其他综合收益		
1．重新计量设定受益计划变动额		
2．权益法下不能转损益的其他综合收益		
3．其他权益工具投资公允价值变动		
4．企业自身信用风险公允价值变动		
5．其他		
（二）将重分类进损益的其他综合收益		
1．权益法下可转损益的其他综合收益		
2．其他债权投资公允价值变动		
3．金融资产重分类计入其他综合收益的金额		
4．其他债权投资信用减值准备		
5．现金流量套期储备		
6．外币财务报表折算差额		
7．其他		
六、综合收益总额		
七、每股收益：		
（一）基本每股收益		
（二）稀释每股收益		

法定代表人：　　　　主管会计工作的负责人：　　　　会计机构负责人：

3．现金流量表

现金流量表反映的是企业在一定时期内的现金收入和现金支出情况。企业的现金流量由经营活动产生的现金流量、投资活动产生的现金流量和筹资活动产生的现金流量三部分构成。表 8.5 是现金流量表的一般格式。

表 8.5　现金流量表

会企 03 表

编制单位：　　　　　　　　年　月　　　　　　　　单位：元

项目	本期数	上年同期数
一、经营活动产生的现金流量：		
销售商品、提供劳务收到的现金		
收到的税费返还		
收到其他与经营活动有关的现金		
经营活动现金流入小计		
购买商品、接受劳务支付的现金		
支付给职工以及为职工支付的现金		
支付的各项税费		
支付其他与经营活动有关的现金		
经营活动现金流出小计		
经营活动产生的现金流量净额		
二、投资活动产生的现金流量：		
收回投资收到的现金		
取得投资收益收到的现金		
处置固定资产、无形资产和其他长期资产收回的现金净额		
处置子公司及其他营业单位收到的现金净额		
收到其他与投资活动有关的现金		
投资活动现金流入小计		
购建固定资产、无形资产和其他长期资产支付的现金		
投资支付的现金		
取得子公司及其他营业单位支付的现金净额		
支付其他与投资活动有关的现金		
投资活动现金流出小计		
投资活动产生的现金流量净额		
三、筹资活动产生的现金流量：		
吸收投资收到的现金		
取得借款收到的现金		
收到其他与筹资活动有关的现金		
筹资活动现金流入小计		
偿还债务支付的现金		
分配股利、利润或偿付利息支付的现金		
支付其他与筹资活动有关的现金		
筹资活动现金流出小计		
筹资活动产生的现金流量净额		

续表

项目	本期数	上年同期数
四、汇率变动对现金及现金等价物的影响		
五、现金及现金等价物净增加额		
加：期初现金及现金等价物余额		
六、期末现金及现金等价物余额		

法定代表人：　　　　主管会计工作的负责人：　　　　会计机构负责人：

通过财务报表可以清晰地反映初创企业的财务预测情况，但如果只是列举三大财务报表，财务部分仅有预测没有分析，则投资人或评委还是很难快速评估项目的发展效益。因此，创业团队中负责财务的成员还需要根据各个报表中的数据做简单的财务分析。对初创企业而言，主要应计算盈利能力和偿债能力中的相关指标，这些数据能够让投资人看见他们投资的风险和收益，同时彰显创业团队和项目的实力，有助于投资人对项目进行快速、准确的评估。对财务分析感兴趣的同学，可以自行拓展学习。图 8.1 为财务分析的关键指标。

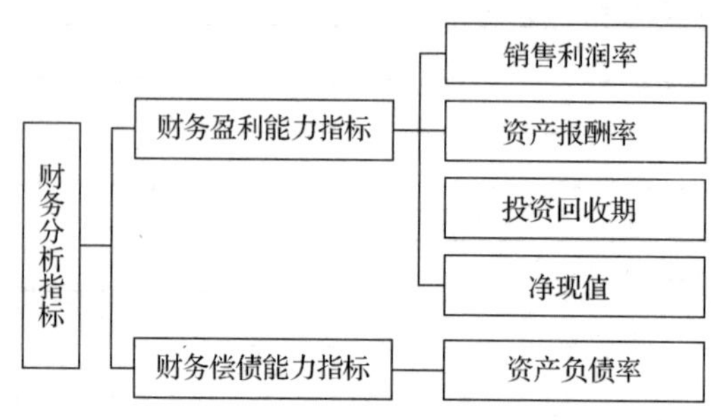

图 8.1　财务分析的关键指标

九、附录

附录是对正文部分的补充，可将一些占据较大篇幅却又可以证明创业团队所拥有的资源与实力的内容，在最后的部分呈现给商业计划书的阅读者。例如，相关新闻报道，所获奖项或所获专利的证明文件，参考材料，市场调研的报告、照片、问卷等。如果是已成立公司的项目，还可附上营业执照及过去三年的财务报表（未满三年的，则提供从公司成立至今的财务报表）。

第三节　商业计划书的优化

美国著名的市场营销专家布鲁斯·贾德森（Bruce Judson）建议创业者用 11 条检验标准测验自己的商业计划书是否有冲击力、是否经得起考验。创业者可以参考这些标准来不断打磨和优化商业计划书，开启成功的大门。

一、“电梯”检测

“电梯”检测是指在不超过 1 分钟的时间内，考验创业团队是否能在最多用两个短句的情况下，把方案内容和获利方式向投资方阐述出来。通过此法，我们可以检验出一个新公司被解释的难易程度，这一段“精华”内容应放在商业计划书的封面及摘要等让人一目了然的位置。如果无法提炼出重点，那么创业团队就要进一步优化商业计划书，尽可能把自己的产品或服务及盈利模式以最精简的方式阐述出来。

拓展

“电梯”检测的诞生

全球管理咨询公司麦肯锡在成立初期，有一次一名项目负责人去谈项目，因为当时的麦肯锡还是一家小公司，对方负责对接的人也不太搭理他。这名项目负责人只好带着一沓厚厚的项目方案离开了，但碰巧的是，他在电梯间遇见了对方的董事长。由于赶时间，董事长不可能仔细阅读这些方案，于是便对这名项目负责人说：“你能不能讲一下方案的主要内容和结果？”这突如其来的“测验”让这名项目负责人猝不及防，他完全没有办法在电梯从 30 层到 1 层的 30 秒内把所有事情表达清楚。最终，麦肯锡失去了这一重要客户，但正因为这一次经历，麦肯锡公司痛定思痛，创造出“电梯”检测这一检验方法和标准。

（资料来源：佚名，2018．超级好用的万能工具“电梯法则”[EB/OL]．https://www.jianshu.com/p/b797bd084f23．节选，有改动。）

二、“最多三件事情”检测

当审视商业计划书时，创业团队需要针对以下三个问题依次进行自我提问。

1）决定团队成功的三件事到底是什么？

2）我具备在这个范围内成功的必备能力吗？

3）如果没有，应当如何获得？

这三个问题环环相扣，有助于我们对创业项目做进一步的深入剖析，快速看清自身的优势和不足，并寻求相应的解决办法。

三、“假如你是顾客”检测

创业团队应把自己放在潜在顾客的位置上，问自己以下问题。

1）在已有选择的基础上，我会买这个公司的新产品和服务吗？如果是，为什么？

2）作为一个潜在的买家，我是独一无二的吗？还是很多人和我一样？

3）我会以现在的全价购买产品和服务吗？

4）我会立刻购买，还是先了解一下？

……

通过这种换位思考的方式，能让创业团队的产品或服务更加契合市场的需求，做到知己知彼。同时，通过观察和体验，了解更多的市场动向，进一步寻找更多的潜在顾客，挖掘更多的发展机会。

四、“差异化和市场领导权”检测

差异化就是需要做到与众不同，而市场领导权意味着需要统治某个领域。创业团队需要不惜一切代价避开“这是一个巨大的市场，我们只需占有一小部分就能成功”的陷阱。创业成功需要的是“与众不同+领导统治”，因此我们首先要做的是定义自己的市场——即使它只是一个更大市场的一小部分，凭借与众不同之处吸引这部分顾客，从而领导统治这个市场，成为该领域的权威。

五、“我会被包围吗”检测

在创业之前，创业团队必须估计那些常见现象所带来的风险，以及妨碍创业团队长期成功的可能性。创业团队从开始组建时就要预先思考和剖析自身的优劣势，考虑我们的团队能否有效构建公司，并能够找到可靠的合作伙伴，避免供应链条的中断，突破竞争对手的包围。

六、“成本翻番”检测

“成本翻番”可以检查创业团队犯错误的回旋余地，当然，余地越大越好。通过利润计划（预期成本、预期收益、取得收益的时间），可以问自己以下问题。

1）如果成本翻番，这还是一份好的商业计划书吗？

2）如果第一年的收益只有预期收益的一半，且成本翻倍，这还是好创意吗？

3）这个项目有必要落地吗？

七、“试错空间”检测

好的商业创意通常能给创业团队留下很大的试错空间。我们要谨记，项目最后的主要收入来源不一定跟我们预先设想的一致，所以预留一定的试错空间是很有必要的。这个检测方法在创业团队投入大量的时间和精力之前，是最具有价值的。创业过程充满不确定性，提前做好准备，能够在发生意外时降低损失。

八、“依赖性”检测

创业团队的重要风险之一是对客户的过分依赖。因此，需要遵循这样一项法则：单一客户不能占据整个公司销售额的35%。创业团队要时常问自己以下问题。

1）我的公司是否严重依赖某个公司了？

2）如果是的话，有办法减少这种依赖性或者减轻潜在的损失吗？

对以上问题进行深入思考后，应当沉下心来去构思一个详细的权变计划。依赖单一客户的公司是“亚健康”的，初创企业想要实现持续稳定的发展，需要不断建立与新客户之间的联系。

九、“多股收入流”检测

创业团队应该尽可能地控制风险，其中一个重要方法就是要实现多样化。尤其对于公司收入这部分，应拓展收入来源，形成多股收入流，具体方式包括推出新产品、提供增值服务、开辟新的业务版块等。

十、“脆弱性”检测

“脆弱性”检测即一种用来分析商机“最坏的情况是什么”的一种方法，需要创业团队在开始初期问自己以下问题。

- 如果公司开业运转了，什么事情会让我的公司瞬间倒塌？
- 是否存在潜在威胁的竞争者拥有将我的公司立刻扫地出门的能力？

十一、“不只是一条路”检测

如果你的公司，或者你将要使用的技能，能够灵活地朝多个方向发展，你将更有可能获得成功。所谓“条条大路通罗马”，如果你正在启动的公司未来只有一条路可走，你需要停下来，反复思考，寻找更多出路。

第四节 路演准备与现场汇报

一、路演前需要做的准备

商业计划书对初创企业发展起着关键性的作用。然而，写好商业计划书只是完成了第一步，创业团队还需要通过路演，让自己的创业项目为更多人所知道，这才是决定成败的临门一脚。路演是指通过现场演示的方法，引起投资人的关注，让他们产生兴趣，最终实现融资。许多面向大学生开展的创业大赛，其实也是一次路演，创业团队要用精彩的汇报打动评委和观众，说不定台下坐着的，就是你未来的投资人。在路演之前，需要做好充分的前期准备，具体包括以下六个方面：了解用户、找准切入点、预先设计可能被提问的问题、练习现场表达能力、熟悉汇报所使用的设备、制作 PPT。

1. 了解用户

一次成功的路演要求汇报者快速进入角色，要做到这一点，其中一个重要前提就是要了解自己的用户，即具有用户思维。创业团队需要积极思考台下的投资人或评委真正想要听的内容是什么，面向不同的用户，有不同的侧重点。表 8.6 为不同用户对商业计划书关注的侧重点。

表 8.6 不同用户对商业计划书关注的侧重点

用户类型	对商业计划书关注的侧重点
天使投资人	创业团队、未来趋势、市场优势、投资回报、退出机制
创业团队	公司战略、团队架构、创业前景、股权结构、领导者个性
合作伙伴	合作条件、公司前景、市场优势、互利空间
创业管理者	公司章程、决策制度、公司前景、薪酬待遇
金融机构	财务计划、贷款偿付、风险预防与控制
应聘的骨干	薪酬待遇、公司前景、激励机制、个人职业规划

2．找准切入点

找到一个精彩的切入点往往能达到事半功倍的效果，尝试用独特的视角去展示创业项目的“卖点”，如图表、视频、情景表演等，汇报的内容越新颖，就越能抓住眼球。

3．预设问题

创业团队要根据用户类型和自身汇报的需要，结合问题风暴法，提前预想好可能会被问到的问题，并做好展示和回答的准备。这个过程不仅可以让创业团队在汇报时表现得更加从容，而且可以不断地发现商业计划书的缺陷和漏洞，及时查漏补缺。

4．练习表达

很难想象投资者会把资金投给一个连自己的项目都难以表达清楚的团队，因此练习口头表达能力对汇报者来说十分重要。口头表达不像书面表达那样刻板，讲述时应该尽快进入主题，在保证条理清晰的前提下，有意识地带动投资者的参与积极性。

5．熟悉设备

在正式汇报前，创业团队应该检查汇报现场的硬件设施，如 PPT 格式和内容是否无误、麦克风音量是否合适、遥控笔是否灵敏等。此外，还应提前打印好演讲稿，有备无患。

6．制作 PPT

路演 PPT 是创业团队的第一张脸，好的 PPT 能给投资人或评委留下好的第一印象。PPT 的制作和演示应该遵循“开门见山”原则、“橄榄球”原则、“可视化”原则、“减法”原则、“内容为王”原则这五大原则。

（1）“开门见山”原则

PPT 要设计一个信息齐全，让人一目了然的封面。在进行汇报前，主持人介绍、设备调试直到上场站定开始演讲，有一段时间。这时，制作好的 PPT 可能已经呈现在大屏幕上，台下的观众在等待时就能够在大屏幕上看到 PPT。因此，PPT 的封面要醒目地展示项目名称，并用一句话描述项目定位和亮点。注意：项目名称不要直接使用公司名称，

也要避免过于技术化的题目。例如，以下几个中国“互联网+”大学生创新创业大赛总决赛的获奖项目，其名称清晰好记，同时也用一句话突出了项目亮点。

- 回车科技：未来全脑智能行业定义者（2019 年全国亚军）。
- 中云智车：未来商用无人车行业定义者（2018 年全国冠军）。
- 降糖贴剂：胰岛素无痛给药先行者（2018 年全国最佳创意奖及金奖）。
- 罗小馒：目前云南最火的“罗三长红糖馒头”（2017 年全国金奖）。
- 荔枝微课：最好的知识分享微课直播平台（2017 年全国金奖）。

此外，PPT 封面还应注明公司名称及具体的联系方式（一般写明 CEO 或项目负责人的姓名、电话、邮箱即可）。如果是大学生创业比赛型路演，还应在封面上注明参赛组别以及所属的省份和高校名称。

（2）“橄榄球”原则

按照“橄榄球”原则来设计 PPT 将激起观众的积极反响。根据橄榄球中间宽、两边窄的形状，我们可以将汇报内容分为三部分，即开场、重点和结论。这三部分的时间分别占总时长的 15%、70%和 15%。

在开场部分，创业团队可以通过一张 PPT 来讲述一个小故事、借助产品原型或者叙述一件令人激动的事情等方式来吸引观众的眼球。

在重点部分，创业团队可以承接开场部分来介绍商业计划书的具体内容。首先，可以运用商业模式画布阐述创业项目具体的实现方案；然后，可以汇报团队的产品研发、财务预测、风险管理、公司简介、团队架构等，之所以先进行产品研发介绍，是因为产品是解决“痛点”的关键因素，从产品切入可以让观众对该创业团队产生兴趣；最后，介绍公司及团队架构。这样的安排可以使整个重点部分连贯顺畅，具有较好的逻辑性。在这部分汇报时，创业团队应该注重客观真实地去描述，尽可能展示出团队的优势。

在结论部分，创业团队可以用一张 PPT 来给整场汇报收尾，点明这次商业计划书汇报的最终目的所在，并且把团队的需求和相关利益分配清晰地向观众展示出来。

（3）“可视化”原则

人是视觉思维型动物，对他们来说，对图表的理解速度远远快于文字，因此图像化的 PPT 更能激发观众的兴趣，如果在插入贴切又能让观众激动人心的视频，将会是另外一种打动观众的优质方案，也能因此提升整体的汇报效果。一幅好的图片往往胜过万语千言，一个优质的视频将会成为点睛之笔。

（4）“减法”原则

“减法”原则，又称为二八原则，我们应该要清楚地知道，制作 PPT≠设计 PPT。因此，设计部分的时间不能超过整个准备时间的 20%，剩下 80%的时间应该用于练习和去构思怎样展示才能更加吸引观众。

（5）“内容为王”原则

在一份 PPT 中，内容的质量是最重要的，因此如何把握内容就成为关键。选取一两个关键数据或信息进行价值分析，揭露数据或信息所带来的影响。例如，在某年公司的营业收入达到 100 万元，这样简单的陈述并不能给观众带来直接的感官体验，但如果在这个 100 万元旁边标注一句“行业营业收入第一”，那当年创业团队创造出来的这个价值就显得很直观，让观众一眼就能捕捉到重点，清楚了解你们的实力。

二、现场汇报技巧

1．汇报人的挑选和分工

商业计划书的汇报对于创业者而言是极其重要的关键环节，也是前面那么多铺垫准备的最终呈现。因此，汇报人的挑选和分工也成为一门学问。一般来说，汇报是由团队核心成员去向投资人或者合作伙伴展示商业计划。具体的分工可以采取创业领袖或公司 CEO 演讲时长占整个汇报展示的 80%以上，另外可以安排 1～2 位高层人员就各自的专业领域讲述一两张幻灯片内容或者回答提问，不要出现创业团队多人轮流汇报的场面。因为如果创业领袖或者公司 CEO 在汇报过程中无法唱主角的话，那给大家的印象就是他们并不具备统驭公司的能力。

2．用自信与勇气征服全场

根据美国麻省理工学院的一项权威调查显示，沟通涉及三个层面：视觉（身体语言）占 55%，声音（语音语调）占 38%，口头表达（用语用词）占 7%。总之，汇报者一定要想方设法让自己的展示充满激情并生动有趣，尽力把观众的注意力集中在自己身上。

像我们熟知的乔布斯，他在做演讲时，双手总是呈现开放的状态且肢体语言收放自如。大多数的演讲者喜欢在幻灯片中加入大量数据、文字和图表，但乔布斯不会这么干，他会用丰富的视觉盛宴去替代烦冗的文字图表，通常每个幻灯片只有一两张图片而已。在合适的时刻展现合适的内容，而不是连篇累牍、铺天盖地呈现给观众。他把每一次演讲都当成“产品”去打造、去创新，赋予演讲一个震撼的开场，一个高潮迭起的过程和一个令人流连的尾声。

虽然我们的汇报不像产品发布会那样更具有流程化，但很多表达的技巧却是相通的。多数演讲者只是简单地传达信息，乔布斯的演讲却能点燃激情。诚然，我们的汇报也是如此，需要的是能够激发评委和观众的兴趣，直击用户的痛点，让汇报不再是枯燥乏味的复述信息。当你明白客户需要听到什么时，你离成功也就不再遥远了。所以，做一位合格的倾听者是做好讲述者的关键。俗话说：“纸上得来终觉浅，绝知此事要躬行。”汇报是一门学问，没有谁能轻易习得，需要经历不断的练习与彩排，才能达到最终想要的结果。

现场汇报小技巧

1）上台时，要先向评委和观众礼貌地问好。

2）切忌和团队的其他成员发生意见上的分歧或争执。

3）正确理解评委所提出来的问题，并及时做出准确流畅的回答。

4）语言要精准生动，适当控制语速，让观点能清晰又不乏味地表达出来。

5）善于使用肢体语言。

活动

设计你的商业计划书大纲

所需材料：彩色笔、A4 纸。

活动时间：40 分钟。

前面每个小组已经对自己的项目进行了迭代和优化，接下来的任务是围绕各自的项目，打造一份商业计划书。请注意，本章介绍了商业计划书的九个构成版块，其内容和顺序并不是固定的，请依据你们小组的具体情况做出调整，特别要突出项目亮点。

具体步骤如下。

1）课堂进行小组讨论，讨论的内容为本小组项目商业计划书的大纲，建议使用思维导图工具进行发散思考和呈现。（时间：20 分钟）

2）讨论结束后，每组各派一名成员上台讲述商业计划书大纲。（时间：每组 2 分钟）

课后案例

博客中国：开创一个时代后的落寞

博客中国是当年号称中国互联网第一人的方兴东创建的中国最具影响力的博客平台，该平台是 Web 2.0 时代的一面旗帜，曾经汇聚了一批民间顶级的思考者，一度号称要把新浪拉下马。

2002 年，方兴东创建了博客中国，在之后的 3 年内，网站始终保持每月超 30%的增长，全球排名一度飙升到 60 多位，并在 2004 年获得了盛大创始人陈天桥和软银赛富合伙人羊东的 50 万美元天使投资。2005 年 9 月，又从著名风险投资公司 Granite Global Ventures、Mobius Venture Capital、软银赛富和 Bessemer Venture Partner 那里融资 1000 万美元，并由此引发了中国 Web 2.0 的投资热潮。

随后，“博客中国”更名为“博客网”，并宣称要做博客式门户，号称“全球最大中文博客网站”，还喊出了“一年超新浪，两年上市”的目标。在短短半年内，博客网的员工就从 40 多人扩张至 400 多人，据称 60%～70%的资金都用在人员工资上，同时还在视频、游戏、购物、社交等众多项目上疯狂“烧钱”，千万美元很快就被挥霍殆尽。由于资金使用无度，博客网自此产生了持续 3 年的人事剧烈动荡，高层几乎整体流失，而方兴东本人的 CEO 职务也被一个决策小组取代。到 2006 年年底，博客网的员工已经缩减为 40 余人，与最初融资时的人数相当，而以新浪为代表的门户网站，其博客力量已完全超越了博客网。随后，博客几乎成为任何一个门户网站标准的配置，许多新兴门户网站轻而易举地复制了方兴东辛辛苦苦摸索和开辟出来的道路，方兴东本人也渐渐消失在互联网的洪流中。

博客作为 Web 2.0 时代的一个产品，引领互联网进入了自媒体时代，这无疑是互联网发展过程中的一大跨越。但对于博客网而言，它把投资者投入的巨额美金“尽情”挥霍，直至化为乌有，这正是由于其管理层并没有制定一个很好的商业计划，导致运营出现问题。博客中国从引领 Web 2.0 的先驱变成无人问津的弃儿，实际早已成为必然。

（资料来源：佚名，2012．17 家中国初创公司的失败史[EB/OL]．https://blog.csdn.net/dyllove98/article/details/8248864．节选，有改动。）

思考

你认为商业计划书中哪些版块的内容对博客中国而言最为关键？为什么？

课后任务

撰写商业计划书并筹备路演

运用本章所学知识，结合课堂上完成的商业计划书大纲，各小组回去后撰写一份完整的商业计划书，并做好路演 PPT，下节课各小组进行汇报展示。（展示时间：每组 5 分钟；提问时间：每组 5 分钟）

实践：请相对应完成实践模块的“第 3 部分　执行摘要”（第 153 页）和“第 9 部分　融资计划与财务预测”（第 169 页）。注意：完成以上两个部分后，实践模块的内容已全部完成，请依据你们的大纲进行相应调整，并对之前的不足之处进行补充和优化。

学习提升

1．怎样才能打造一份吸引投资者眼球的商业计划书？

2．如何提升自己的现场汇报能力？

3．商业计划书的各个构成要素都是必要的吗？

本章小结

本章主要介绍如何撰写商业计划书，并对其功能、优化方法和如何汇报进行了详细的展示。通过主体内容与课后活动相结合，让学生能够把所学知识真正做到融会贯通，提升撰写能力和汇报技巧。

本章的重点是如何撰写商业计划书，难点是如何提升现场的汇报水准。

实践模块

创业实践

制作一份商业计划书

为了大学生更深入掌握创新创业的相关理论，以中国“互联网+”大学生创新创业大赛的评审规则为依据，设计了一个独具特色的创业实践模块。此模块的目标是引导学习者组建一支创业团队，打造一个创业项目，制作一份商业计划书。

实践模块涵盖创业的各个基本环节，大学生可以循着本书的章节顺序一边学习，一边填写商业计划书中相关版块的内容，最终完成一份完整的商业计划书，该成果还可以直接用于参加各种类型的创业比赛。下面请你和你的创业伙伴一起打造一个有新意、有潜力、有价值的创业项目。

商业计划书

第 1 部分 封 面

项目名称

____

（用一句话描述项目）

项目 LOGO

项目类别

- ☐ 互联网+现代农业
- ☐ 互联网+制造业
- ☐ 互联网+信息技术服务
- ☐ 互联网+社会服务
- ☐ 互联网+文化创意服务

项目负责人：______________________

所属院校：______________________

联系方式：______________________（手机）

______________________（邮箱）

第 2 部分　团队与组织结构

2.1　项目团队构成

<table>
<tr><td colspan="5">项目团队成员（要求：3～8 人）</td></tr>
<tr><td rowspan="4">成员
1</td><td>姓名</td><td></td><td>所在院校</td><td></td></tr>
<tr><td>团队职责</td><td></td><td>专业名称</td><td></td></tr>
<tr><td>联系电话</td><td></td><td>电子邮箱</td><td></td></tr>
<tr><td>简介
（50 字）</td><td colspan="3"></td></tr>
<tr><td rowspan="4">成员
2</td><td>姓名</td><td></td><td>所在院校</td><td></td></tr>
<tr><td>团队职责</td><td></td><td>专业名称</td><td></td></tr>
<tr><td>联系电话</td><td></td><td>电子邮箱</td><td></td></tr>
<tr><td>简介
（50 字）</td><td colspan="3"></td></tr>
<tr><td rowspan="4">成员
3</td><td>姓名</td><td></td><td>所在院校</td><td></td></tr>
<tr><td>团队职责</td><td></td><td>专业名称</td><td></td></tr>
<tr><td>联系电话</td><td></td><td>电子邮箱</td><td></td></tr>
<tr><td>简介
（50 字）</td><td colspan="3"></td></tr>
<tr><td rowspan="4">成员
4</td><td>姓名</td><td></td><td>所在院校</td><td></td></tr>
<tr><td>团队职责</td><td></td><td>专业名称</td><td></td></tr>
<tr><td>联系电话</td><td></td><td>电子邮箱</td><td></td></tr>
<tr><td>简介
（50 字）</td><td colspan="3"></td></tr>
<tr><td rowspan="4">成员
5</td><td>姓名</td><td></td><td>所在院校</td><td></td></tr>
<tr><td>团队职责</td><td></td><td>专业名称</td><td></td></tr>
<tr><td>联系电话</td><td></td><td>电子邮箱</td><td></td></tr>
<tr><td>简介
（50 字）</td><td colspan="3"></td></tr>
</table>

续表

成员6	姓名		所在院校	
	团队职责		专业名称	
	联系电话		电子邮箱	
	简介（50字）			
成员7	姓名		所在院校	
	团队职责		专业名称	
	联系电话		电子邮箱	
	简介（50字）			
成员8	姓名		所在院校	
	团队职责		专业名称	
	联系电话		电子邮箱	
	简介（50字）			

2.2　指导教师团队

<table>
<tr><td colspan="5">指导教师</td></tr>
<tr><td rowspan="4">指导教师1</td><td>姓名</td><td></td><td>所在院校</td><td></td></tr>
<tr><td>职称</td><td></td><td>工作部门</td><td></td></tr>
<tr><td>联系电话</td><td></td><td>电子邮箱</td><td></td></tr>
<tr><td>简介</td><td colspan="3"></td></tr>
<tr><td rowspan="4">指导教师2</td><td>姓名</td><td></td><td>所在院校</td><td></td></tr>
<tr><td>职称</td><td></td><td>工作部门</td><td></td></tr>
<tr><td>联系电话</td><td></td><td>电子邮箱</td><td></td></tr>
<tr><td>简介</td><td colspan="3"></td></tr>
<tr><td rowspan="4">指导教师3</td><td>姓名</td><td></td><td>所在院校</td><td></td></tr>
<tr><td>职称</td><td></td><td>工作部门</td><td></td></tr>
<tr><td>联系电话</td><td></td><td>电子邮箱</td><td></td></tr>
<tr><td>简介</td><td colspan="3"></td></tr>
</table>

2.3 团队组织架构图

（注：请在以下空白处画出你们团队的组织架构图。）

第3部分 执 行 摘 要

（注：概述产品/服务、用户群体、竞争对手、发展战略、项目愿景等内容，不超过1000字。）

第4部分 市场分析

4.1 宏观环境分析

PEST分析模型

分析角度	分析内容
政治和法律 环境因素 （P）	
经济 环境因素 （E）	
社会和文化 环境因素 （S）	
技术 环境因素 （T）	

4.2 行业环境分析

4.2.1 行业背景分析

所属行业	
行业发展现状：	
行业发展趋势：	

4.2.2 波特五力分析模型

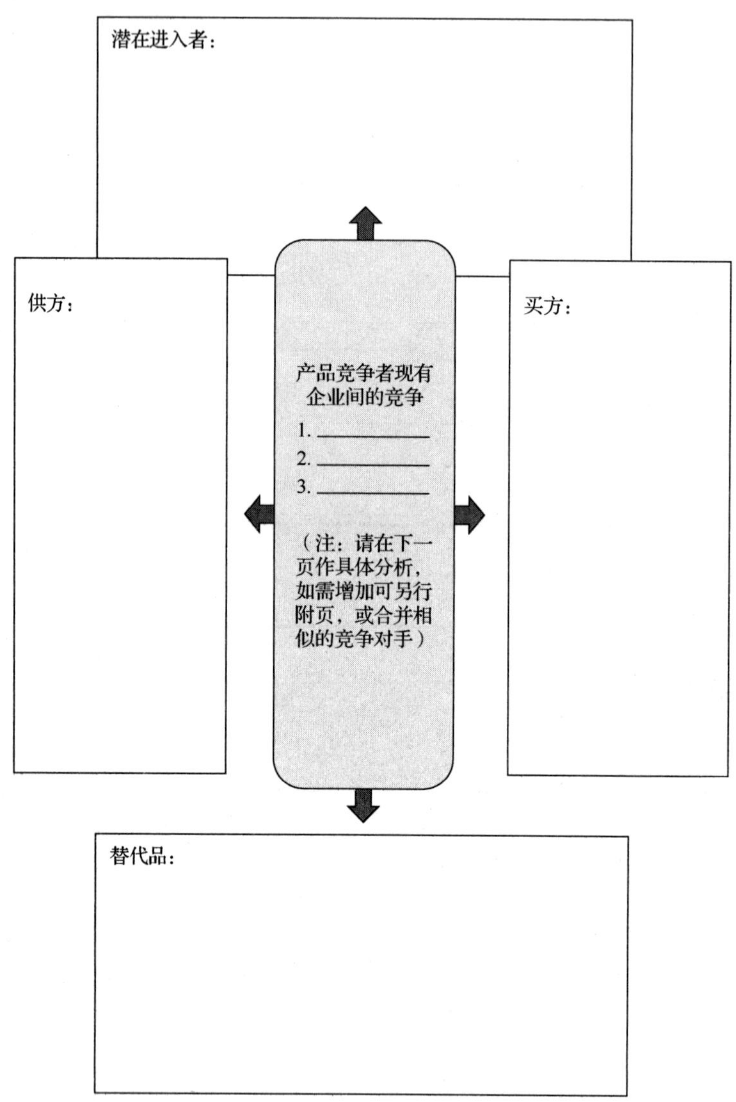

4.2.3 竞品分析

<table>
<tr><td rowspan="4">主要竞争对手1</td><td>市场地位：</td></tr>
<tr><td>现有战略：</td></tr>
<tr><td>发展计划：</td></tr>
<tr><td>产品/服务对比：
对方的优势：

对方的劣势：</td></tr>
<tr><td rowspan="3">主要竞争对手2</td><td>市场地位：</td></tr>
<tr><td>现有战略：</td></tr>
<tr><td>发展计划：</td></tr>
</table>

续表

主要竞争对手2	产品/服务对比： 对方的优势： 对方的劣势：
主要竞争对手3	市场地位：
	现有战略：
	发展计划：
	产品/服务对比： 对方的优势： 对方的劣势：

4.3 目标市场分析

4.3.1 目标用户分析

请列举产品/服务的目标用户群体，并绘制该群体的用户画像。既可以利用文字标签在图像周围进行描述，也可以为各个虚拟形象添加装饰（如发型、服饰等），以更直观地代表某一类用户。此处仅列举 3～5 类目标用户群体即可，如需增加可另行附页。

第一类目标用户群体：
用户画像： 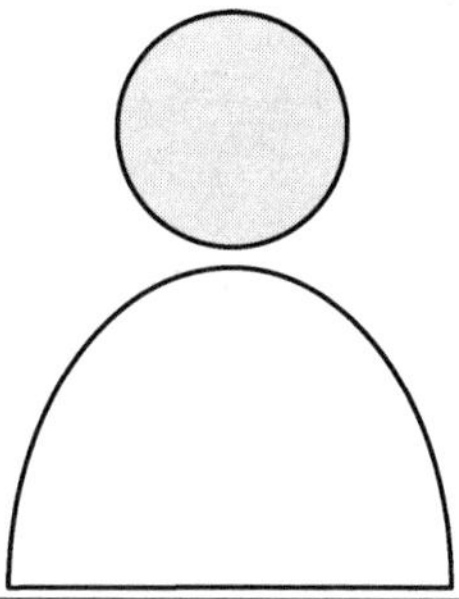
第二类目标用户群体：
用户画像： 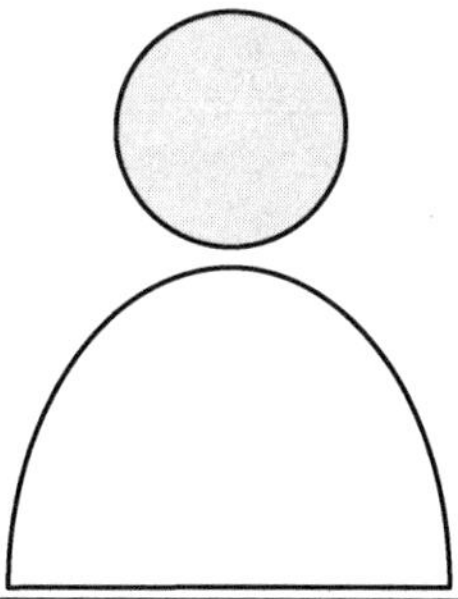
第三类目标用户群体：
用户画像： 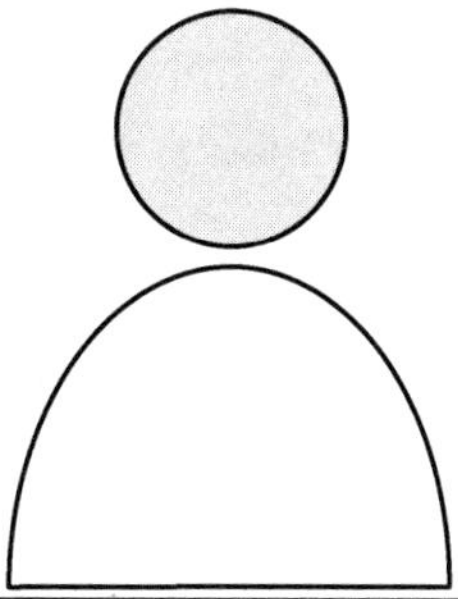

续表

第四类目标用户群体：
用户画像：
第五类目标用户群体：
用户画像：

4.3.2 目标市场选择

目标市场	该市场的特点	进入市场策略

4.4 综合分析

4.4.1 SWOT 分析模型

外部	内部	
	优势（strengths）：	劣势（weaknesses）：
机会（opportunities）：	SO 战略：	WO 战略：
威胁（threats）：	ST 战略：	WT 战略：

4.4.2 项目创新机会点

序号	创新机会点	概述
1		
2		
3		
4		
5		

第 5 部分　产品/服务介绍

5.1　产品/服务原型

（注：请先用精简的一段话描述项目所提供的产品/服务，接下来简单画出产品/服务原型，并在图像周围用文字对亮点进行注释。）

产品/服务介绍：
产品/服务原型：

5.2　核心资源与能力

核心资源与能力	简要说明	佐证材料（注：此处仅列举名称，具体材料在附录提供）

5.3 收入来源

收入来源	简要说明	预计占全部收入的比重

5.4 价值链模型

请将价值链各个环节所涵盖的内容或相关策略填进图表中的空白区域。

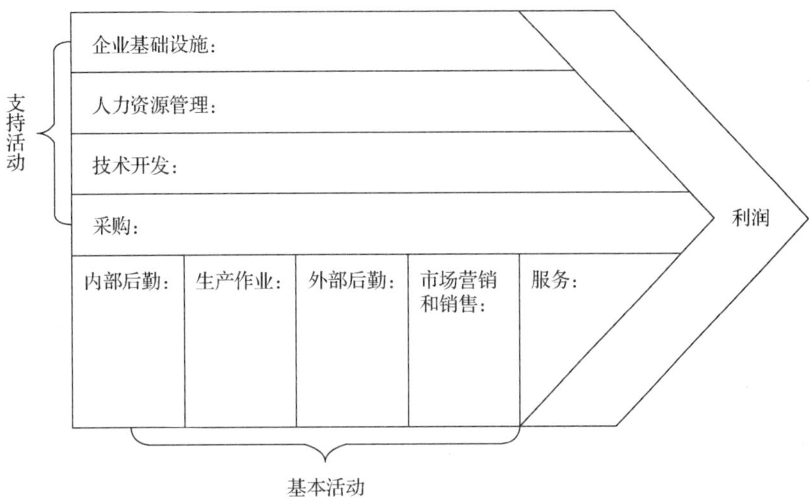

5.5 商业模式画布

请将商业模式各个版块的具体内容填进图表中的空白区域。

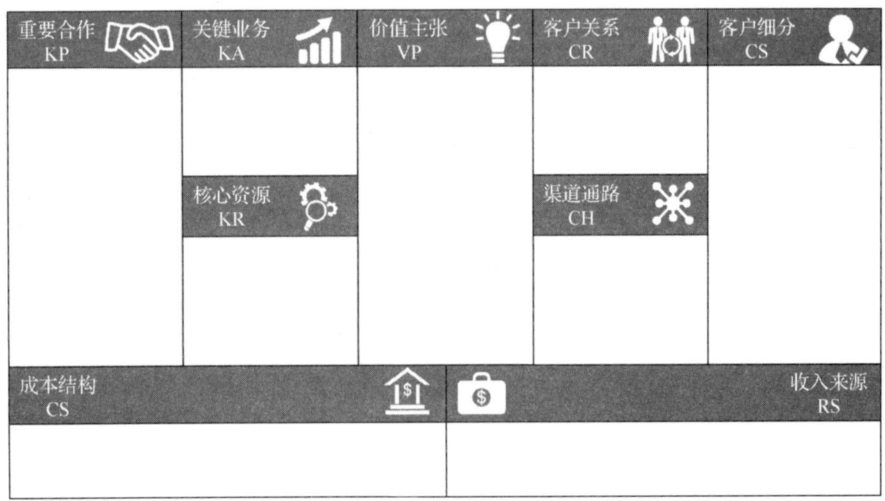

第6部分 营 销 策 略

4P 营销策略

4P 策略	具体措施
产品策略	
价格策略	
渠道策略	
宣传策略	

第7部分 风 险 管 理

风险类别	具体内容	应对策略
法律风险		
财务风险		
知识产权风险		
其他风险		

第8部分　发 展 规 划

产品/服务 MVP

	第一年	第二年	第三年
创意点			
技术革新或服务升级			
原型迭代 （可画图或用文字描述）			

第 9 部分　融资计划与财务预测

9.1　启动资金测算

启动资金测算表

单位：元

项目	开业前	开业后		
		第一个月	第二个月	第三个月
场地 （土地和建筑）				
办公家具				
办公用品				
机器与设备				
原材料				
公司开办费 （注册及相关费用）				
营业税费				
广告与促销费				
业务开拓费				
工资				
水电费				
电话费				
保险费				
软件与网络费				
其他				
合计				

9.2　销售收入测算

开业 12 个月的销售收入测算表

单位：元

产品/服务		月份												
		1 月	2 月	3 月	4 月	5 月	6 月	7 月	8 月	9 月	10 月	11 月	12 月	合计
产品 1	销售数量													
	平均单价													
	销售收入													
产品 2	销售数量													
	平均单价													
	销售收入													

续表

产品/服务		月份												
		1月	2月	3月	4月	5月	6月	7月	8月	9月	10月	11月	12月	合计
产品 3	销售数量													
	平均单价													
	销售收入													
产品 4	销售数量													
	平均单价													
	销售收入													
产品 5	销售数量													
	平均单价													
	销售收入													
合计	销售总量													
	销售总收入													

9.3 销售成本测算

开业 12 个月的销售成本测算表

单位：元

项目	月份												
	1月	2月	3月	4月	5月	6月	7月	8月	9月	10月	11月	12月	合计
材料成本													
租金													
水电费													
工资													
营销费用													
软件与网络费用													
公用事业费													
维修费													
折旧													
贷款利息													
保险费													
注册费													
其他费用													
合计													

9.4 预测未来三年的资产和负债状况

未来三年的资产负债表

单位：元

资产	第一年	第二年	第三年	负债和所有者权益	第一年	第二年	第三年
流动资产：				负债：			
货币资金				长期负债			
应收账款				短期负债			
减：坏账准备				应付账款			
存货				应交税费			
原材料				应付职工薪酬			
其他流动资产				其他负债			
流动资产合计				负债合计			
固定资产：				所有者权益：			
土地和建筑				实收资本			
机器与设备				盈余公积			
减：累计折旧				未分配利润			
固定资产合计				所有者权益合计			
无形资产：							
资产总计				负债和所有者权益总计			

9.5 预测未来三年的利润状况

未来三年的利润表

单位：元

项目	第一年	第二年	第三年
一、营业收入			
减：营业成本			
税金及附加			
销售费用			
管理费用			
财务费用			
二、营业利润			
营业外收入			
减：营业外支出			
三、利润总额			
减：所得税			
四、净利润			

9.6 预测未来三年的现金流量状况

未来三年的现金流量表

单位：元

项目	第一年	第二年	第三年
一、经营活动产生的现金流量			
销售商品、提供劳务收到的现金			
其他现金流入			
现金流入小计			
购买商品、接受劳务支付的现金			
支付的职工薪酬			
支付的税费			
其他现金流出			
现金流出小计			
经营活动产生的现金流量净额			
二、投资活动产生的现金流量			
投资活动的现金流入			
构建固定资产支付的现金			
其他投资活动现金支出			
投资活动产生的现金流量净额			
三、筹资活动产生的现金流量			
吸收投资收到的现金			
借款形式收到的现金			
现金流入小计			
分配股利支付的现金			
归还借款支付的现金			
现金流出小计			
筹资活动产生的现金流量净额			
四、现金及现金等价物净增加额			

第10部分 附 录

（注：附录可以是相关新闻报道的截图，所获奖项或所获专利的证明文件，参考材料列表，市场调研的报告、照片、问卷等内容，请大家利用计算机整理以上材料，注意标明序号并制作目录。）

到这里，一份商业计划书的大体内容就已经全部呈现出来了。我们希望通过这种方式让学生进一步掌握商业计划书的撰写方法。当然，学生也可以不断完善这份商业计划书，并携该项目参加中国“互联网+”大学生创新创业大赛及其他创业比赛，或是进一步孵化该项目，将其落到实地。衷心希望每位学生在学习完本书后，都有机会成为一名真正的创业者，期待未来与你在创业路上相会。

参考文献

格尔德·吉仁泽，2018．直觉思维：如何构建你的快速决策系统[M]．余莉，译．北京：北京联合出版公司．

贺腾飞，康苗苗，2016．“创新与创业”概念与关系之辩[J]．民族高等教育研究，4（4）：7-12．

贺尊，2012．创业计划书的撰写价值及基本准则[J]．创新与创业教育（5）：77-79．

黄华新，2012．创新思维的特征[J]．党员干部之友（10）：16-17．

黄辉，2002．论灵感思维的本质、特征及其实践意义[J]．中共四川省委党校学报（2）：26-30．

黄明睿，张进，2018．创新与创业基础[M]．北京：高等教育出版社．

贾良定，周三多，2006．论企业家精神及其五项修炼[J]．南京社会科学（9）：29-35．

姜忠辉，徐玉蓉，2015．企业家精神的内涵与外延探析[J]．中国海洋大学学报（社会科学版）（1）：71-77．

蒋冬文，2016．黑天鹅时代的商业逻辑[M]．北京：经济管理出版社．

李殿森，2003．布鲁纳的直觉思维论及其教学意义[J]．外国教育研究（1）：14-17．

李家华，2015．创业基础[M]．北京：清华大学出版社．

李尚之，汤超颖，2017．创新思维的训练手册：脑体操[M]．北京：清华大学出版社．

李文胜，2015．创业基础[M]．西安：西安交通大学出版社．

斯图尔特·克雷纳，戴斯·狄洛夫，2017．创新的本质[M]．李月，徐雅楠，李佳胥，译．北京：中国人民大学出版社．

王凤，2012．浅谈创新、创业与实现人生价值的关系[J]．山东商业职业技术学院学报（S1）：56-57．

王琼，2015．六顶思考帽：化难为易的决策艺术[J]．清华管理评论（5）：74-81．

吴晓义，2014．创新创业基础：理论、案例与实训[M]．北京：中国人民大学出版社．

吴晓义，2017．创业基础·理论、案例与实训[M]．北京：中国人民大学出版社．

亚历山大·奥斯特瓦德，伊夫·皮尼厄，2016．商业模式新生代[M]．王帅，毛心宇，严威，译．北京：机械工业出版社．

杨俊，薛鸿博，牛梦茜，2018．基于双重属性的商业模式构念化与研究框架建议[J]．外国经济与管理，4（4）：96-109．

伊利·欧菲克，2018．创新的价值[M]．杨清波，译．北京：中信出版社．

约瑟夫·熊彼特，1990．经济发展理论[M]．何畏，等译．北京：商务印书馆．

张玉利，2014．创业与企业家精神：管理者的思维模式和行为准则[J]．南开学报（哲学社会科学版）（1）：12-15．

周福盛，齐丽丽，乔爱军，2012．基于“头脑风暴法”的通用技术教学设计及评价：以“常用的创造技法”为例[J]．职业技术教育（8）：37-39．

周苏，2017．创新思维与方法[M]．北京：机械工业出版社．

周苏，褚赟，2017．创新创业：思维、方法与能力[M]．北京：清华大学出版社．